الطبخ المصري الأصيل

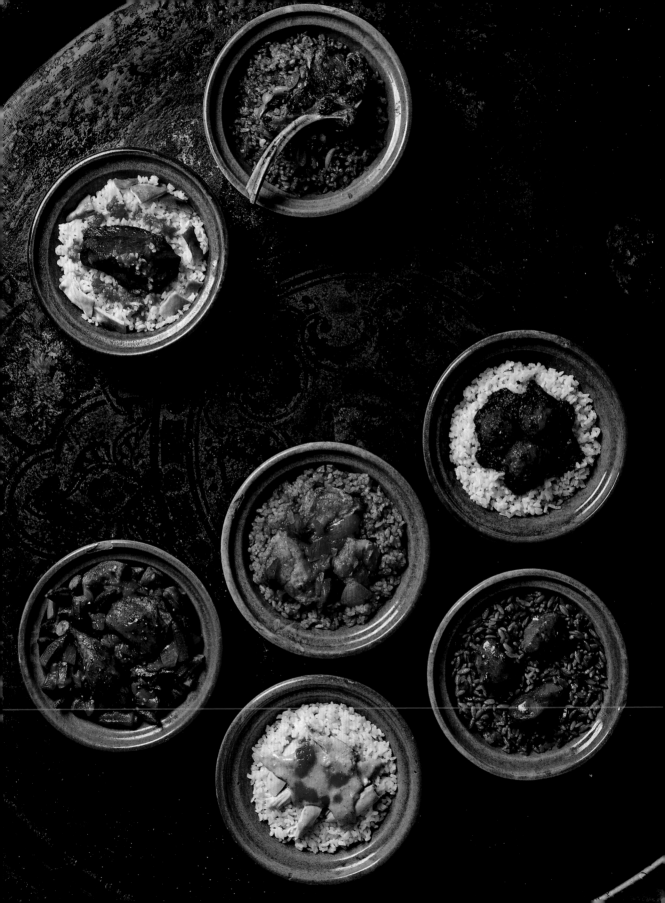

الطبخ المصري الأصيل

من مطبخ ابو السيد

نيهال لهيطة

The American University in Cairo Press

Cairo   New York

This Arabic edition of *Authentic Egyptian Cooking* was published in 2015 by
The American University in Cairo Press
113 Sharia Kasr el Aini, Cairo, Egypt
420 Fifth Avenue, New York, NY 10018
www.aucpress.com

Exclusive distribution outside Egypt and North America by I.B. Tauris & Co
Ltd., 6 Salem Road, London, W2 4BU

Dar el Kutub No. 1377/14
ISBN 978 977 416 688 4

Dar el Kutub Cataloging-in-Publication Data

Leheta, Nehal
        Authentic Egyptian Cooking from the Table of Abou El Sid [Arabic
edition] / Nehal Leheta.—Cairo: The American University in Cairo Press, 2015
        p.   cm.
        ISBN 978 977 416 688 4
        Cooking, Egyptian
        641.5962

1 2 3 4 5   19 18 17 16 15

Photography by Sherif Tamim
Food styling by Hoda El-Sherif
Food styling and photography coordination by Rana Sarrouf
Opposite page photograph by Karim El Hayawan
Designed by **equinox**graphics®

Printed in China

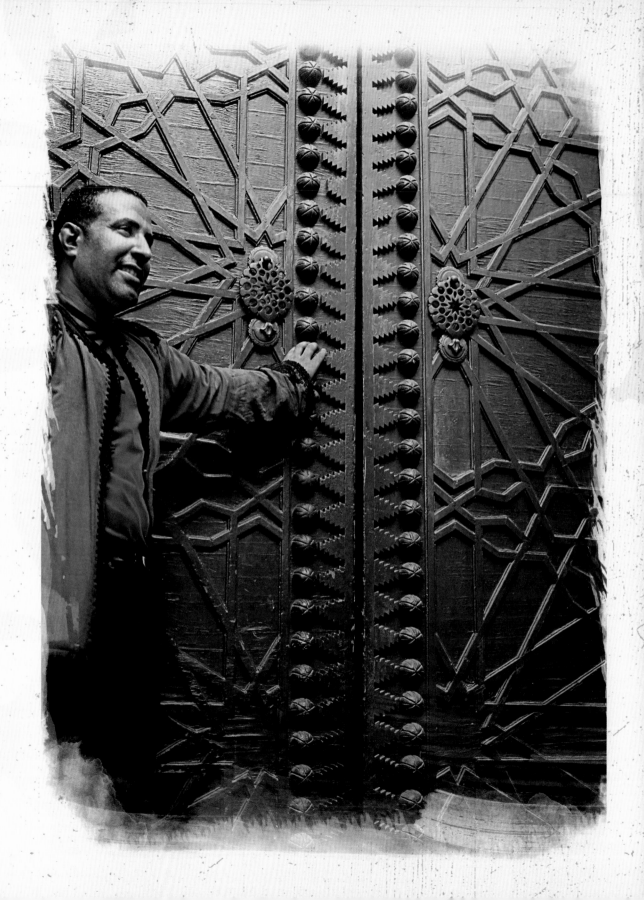

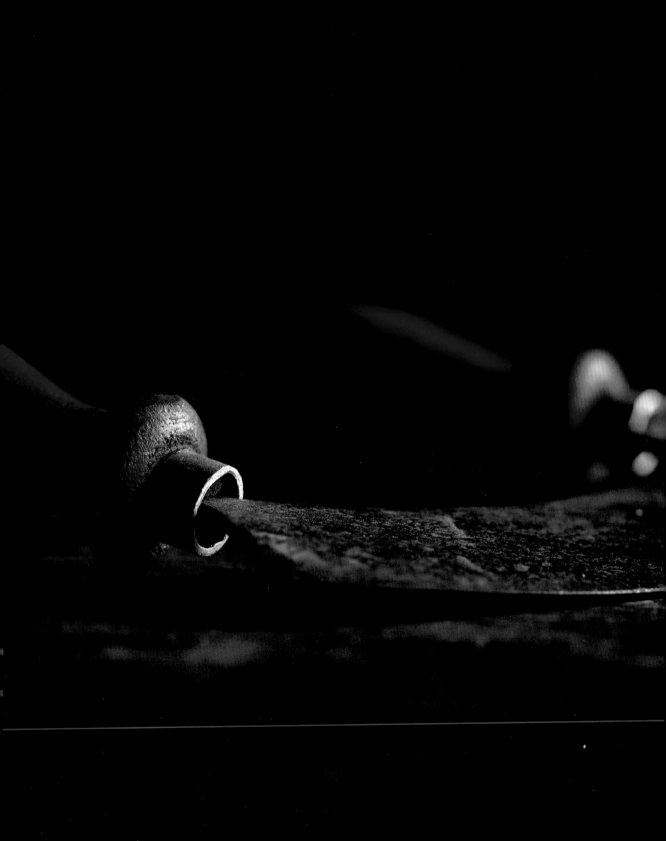

المحتويات

مقدمة عن أبو السيد

اختارته مجلة كونديه ناست ترافلر (Condé Nast Traveler) مرتين كواحد من أحسن ٥٠ مطعم جديد في العالم، وفاز أربع مرات بجائزة وزارة السياحة المصرية للتميز. يفتخر أبو السيد بتقديم المذاق المصري الأصيل والديكور المصري والموسيقى المصرية المميزة التي تعيدنا إلى أجواء الحقبة التاريخية ما بين العشرينيات والخمسينيات. تأسس المطعم عام ٢٠٠٠، وقام الفنان شانت اديفسيات من شركة ستينل كوليكشن بأعمال تجديد الديكورات والتصميم، مستلهمًا عمله من الموسيقى الكلاسيكية لأم كلثوم وفريد الأطرش ومحمد عبد الوهاب. ويتخصص هذا المطعم في تقديم الطبخ المنزلي المصري الأصيل الذي نادرًا ما نجده في المطاعم.

سمي المطعم على اسم شخصية أبو السيد الخيالية، الذي عرف بضيافته وكرمه وطبخه الأسطوري. ومن بين الأكلات التي اشتهر بها الفول بالطحينة والكشري والحمام المحشي بالأرز والملوخية بالأرانب والفطير المشلتت. ولقد ذاع صيته بين جيرانه حتى وصل إلى السلطان الذي طلبه بنفسه ليطبخ له في قصره. وبالرغم من أن ذلك كان شرفًا عظيمًا، إلا أن أبو السيد مل من العمل بالقصر، وسرعان ما عاد إلى منزله ليكون وسط أهل مصر البسطاء، الذين أحبوا مطبخه واستمروا في الإقبال على أطباقه المميزة من المطبخ المصري الأصيل.

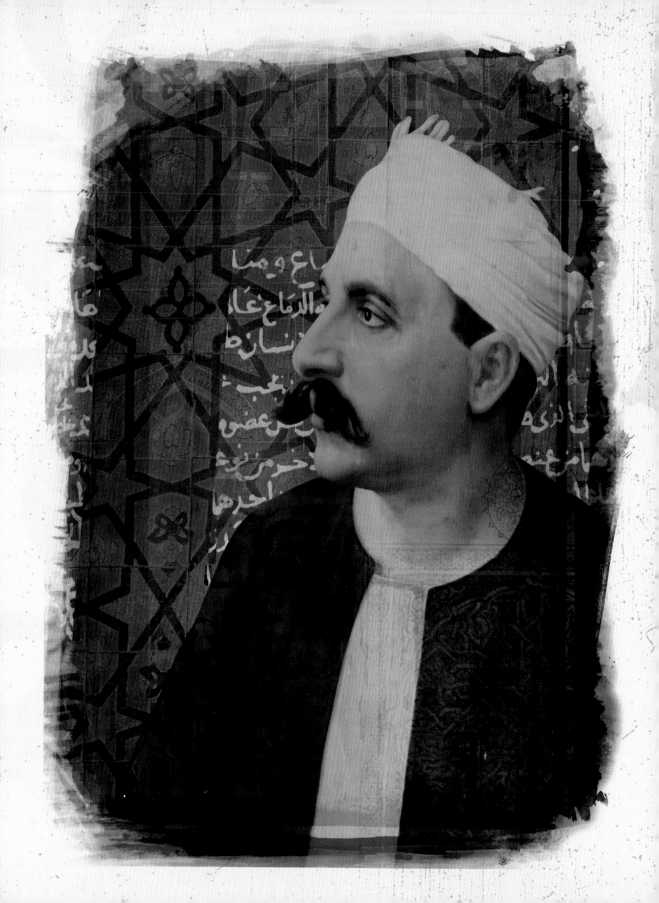

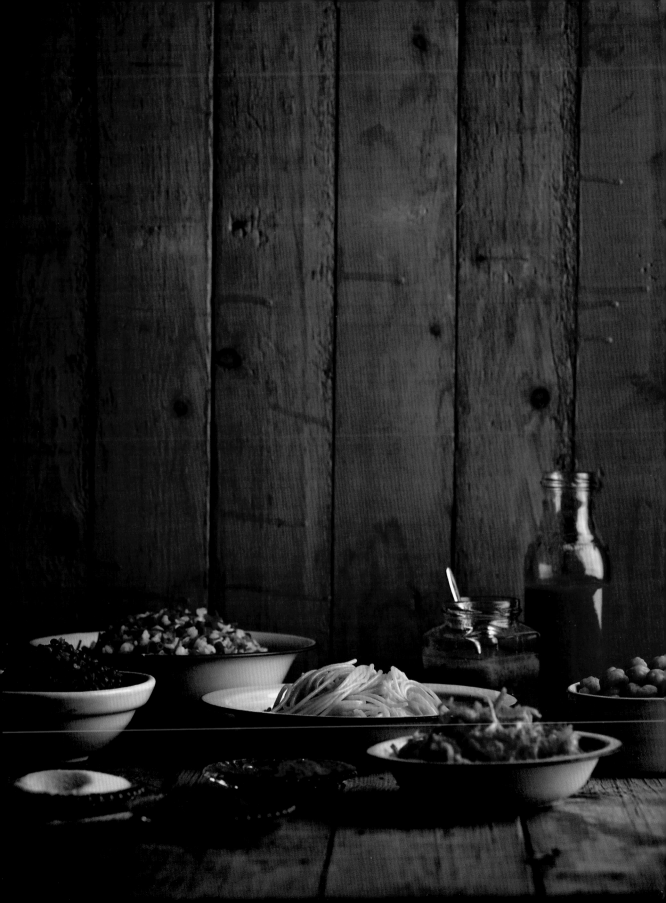

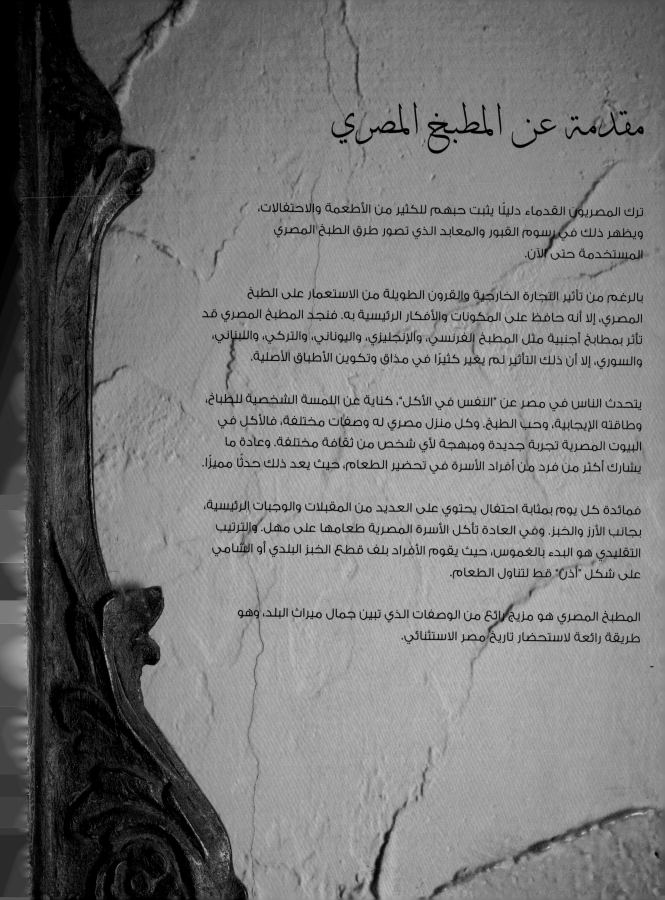

مقدمة عن المطبخ المصري

ترك المصريون القدماء دليلًا يثبت حبهم للكثير من الأطعمة والاحتفالات، ويظهر ذلك في رسوم القبور والمعابد الذي تصور طرق الطبخ المصري المستخدمة حتى الآن.

بالرغم من تأثير التجارة الخارجية والقرون الطويلة من الاستعمار على الطبخ المصري، إلا أنه حافظ على المكونات والأفكار الرئيسية به. فنجد المطبخ المصري قد تأثر بمطابخ أجنبية مثل المطبخ الفرنسي، والإنجليزي، واليوناني، والتركي، واللبناني، والسوري، إلا أن ذلك التأثير لم يغير كثيرًا في مذاق وتكوين الأطباق الأصلية.

يتحدث الناس في مصر عن "النفس في الأكل"، كناية عن اللمسة الشخصية للطباخ، وطاقته الإيجابية، وحب الطبخ. وكل منزل مصري له وصفات مختلفة، فالأكل في البيوت المصرية تجربة جديدة ومبهجة لأي شخص من ثقافة مختلفة. وعادة ما يشارك أكثر من فرد من أفراد الأسرة في تحضير الطعام، حيث يعد ذلك حدثًا مميزًا.

فمائدة كل يوم بمثابة احتفال يحتوي على العديد من المقبلات والوجبات الرئيسية، بجانب الأرز والخبز. وفي العادة تأكل الأسرة المصرية طعامها على مهل. والترتيب التقليدي هو البدء بالغموس، حيث يقوم الأفراد بلف قطع الخبز البلدي أو الشامي على شكل "أذن" قط لتناول الطعام.

المطبخ المصري هو مزيج رائع من الوصفات الذي تبين جمال ميراث البلد، وهو طريقة رائعة لاستحضار تاريخ مصر الاستثنائي.

فاصوليا بيضاء

تعريف بالمكونات المستخدمة

البرغل: القمح المجروش.

الحبهان: من التوابل العطرية المصرية، مذاقها قوي ومر.

الكزبرة المطحونة: من الأعشاب الصفراء، تستخدم بكثرة في المطبخ المصري.

المكرونة المقصوصة: يستخدم هذا النوع من المكرونة الصغيرة في الكشري، وتكون على شكل أنابيب صغيرة مفرغة.

الفول: نبات الفول المستخدم في عمل الفول المدمس.

الفريك: القمح الأخضر، ذو ملمس مقرمش، يستخدم أحيانًا كبديل للأرز. وعادة ما ينقع في الماء لمدة نصف ساعة قبل الطبخ.

خليط المكسرات: خليط مكسرات أبو السيد يتكون من الزبيب واللوز والجوز.

البهارات المختلفة: خليط من القرنفل والقرفة وجوزة الطيب والفلفل.

الملوخية: أوراق الكوركوروس (ويراعى عدم الخلط بينها وبين أوراق المالو). وعند تحضير الملوخية الطازجة في مصر يتم تقطيفها من الساق وفرمها.

لسان العصفور: المكرونة الشبيهة بالأرز وتعرف أيضًا بالروزيني.

حمص مجفف

فول

حبهان

البرغل

الفلفل: يستخدم أبو السيد ثلاثة أنواع مختلفة من الفلفل المطحون: الفلفل الأسود والفلفل الأبيض وشطة الفلفل الأحمر. الفلفل الأبيض يختلف في الطعم عن الفلفل الأسود أو الأحمر. وهناك أنواع مختلفة من الفلفل الطازج: الفلفل الرومي أو الفلفل الحلو والفلفل الحار.

مكسرات الصنوبر: تستخرج هذه المكسرات من نبات الصنوبر.

الأرز: الأرز المصري هو الأرز الأبيض قصير الحبة.

الزعفران: يعتبر غالي الثمن نسبيًا حيث أنه يستخرج من زهرة نادرة، ولا يستخدم فقط لإضافة مذاق بل لإكساب الأرز لونًا أيضًا.

الملح: أبو السيد يستخدم الملح الخشن.

الطحينة: وهي العجينة المصنوعة من حبوب السمسم. وفي حالة عدم توفر الطحينة الجاهزة يمكن تحضيرها بسهولة. يسخن الفرن على درجة حرارة ١٨٠ درجة مئوية، ويحمص السمسم في إناء طهي حتى يتغير لونه، مع مراعاة ألا يصل لونه إلى الدرجة البنية. ثم تخلط البذور المحمصة في مفرمة الطعام مع زيت ذرة حتى نحصل على الكثافة المرغوبة.

الشعيرية: نوع من المكرونة رفيع جدًا وقصير، ويستخدم في بعض الأحيان كبديل للأرز.

الطاجن: وعاء عربي مصنوع من الفخار، يستخدم في بعض الأكلات التي تسخن في الفرن.

الشعيرية

الفول المقشور: حبوب الفول الجافة المقشرة، وله طعم مميز ومختلف.

دقيق: دقيق القمح العادي.

لسان عصفور

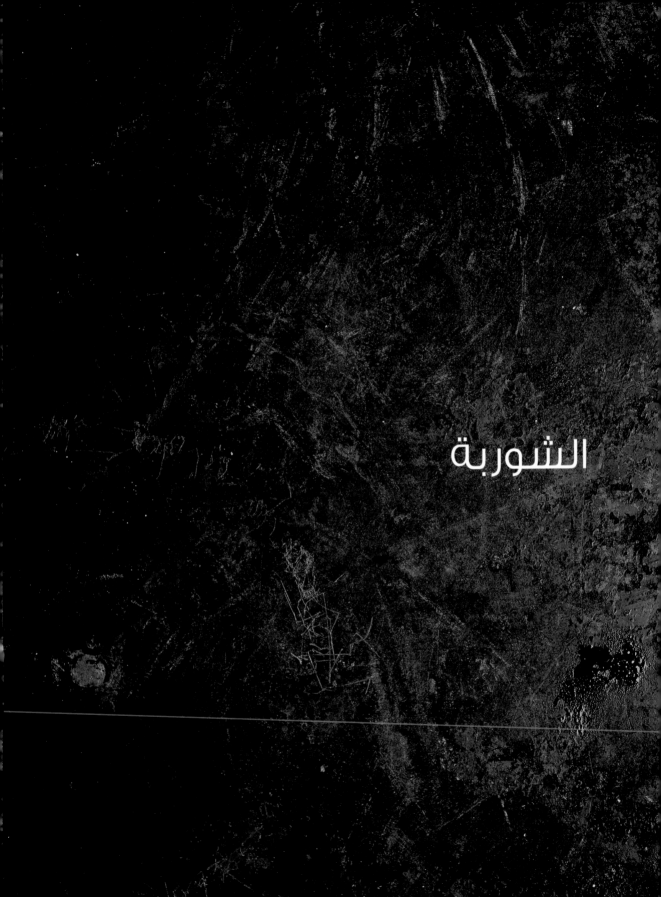

الشوربة

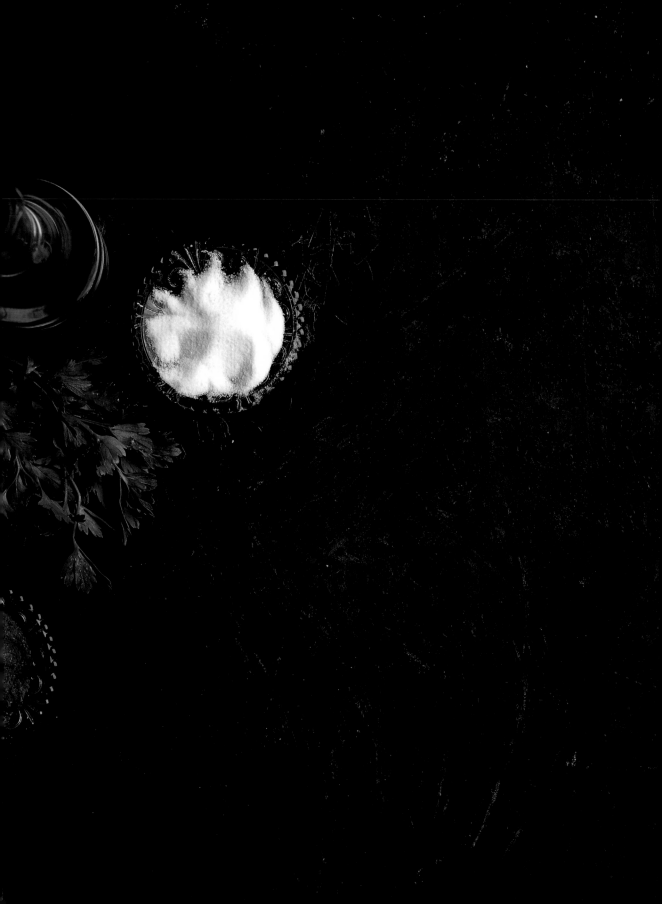

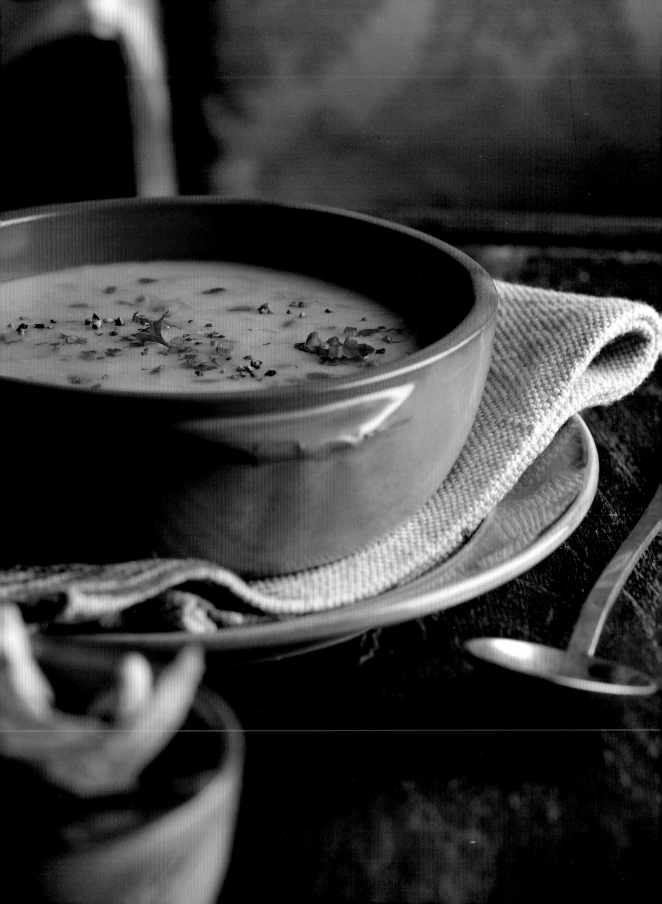

شوربة الفراخ مع لسان العصفور

تكفي من :
٢ إلى ٤ أشخاص

تحضير شوربة الفراخ : ٤٠ دقيقة
تحضير لسان العصفور: ٥ دقائق
تحضير الخليط: ١٠ دقائق

ملعقتان طعام من زيت الذرة
ملعقة صغيرة زبدة
ملعقة طعام بصل مفروم
صدر فرخة (١٠٠ جرام تقريبًا)
عدد واحد مكعب مرقة دجاج يذاب في خمس أكواب ماء
ملعقة صغيرة ملح
ملعقة صغيرة فلفل أبيض
ورقة لوري
حبة حبهان
٢٥٠ جرام (١ كوب) لسان عصفور (يسمى أيضًا ريزوني)
ملعقة صغيرة ونصف دقيق
(اختياري) عصارة نصف ليمونة

شوربة لسان العصفور هي من أشهر الشوربات المصرية. وتسميتها بلسان العصفور ترجع إلى شكل المكرونة المستخدمة.

١. يسخن الزيت والزبدة معًا في إناء طهي.
٢. يضاف البصل المفروم ويحمر إلى أن يتحول لونه إلى اللون الذهبي الغامق (٥ دقائق تقريبًا). تسلق صدور الفراخ وتضاف إليها مرقة الدجاج والملح والفلفل الأبيض وورق اللوري والحبهان (نصف ساعة تقريبًا).
٣. تضاف ملعقة صغيرة ونصف من الدقيق وتقلب.

تحضير لسان العصفور:

٤. يحمر لسان العصفور مع قليل من زيت الذرة في إناء طهي حتى يتحول لونه إلى اللون الذهبي الغامق.
٥. يصفى الزيت الزائد.
٦. يضاف لسان العصفور إلى الشوربة ويطهى على درجة حرارة متوسطة لمدة ١٠ دقائق حتى يتمدد حجمه.
٧. يرفع من على النار.

يمكن إضافة عصير الليمون (حسب الرغبة).

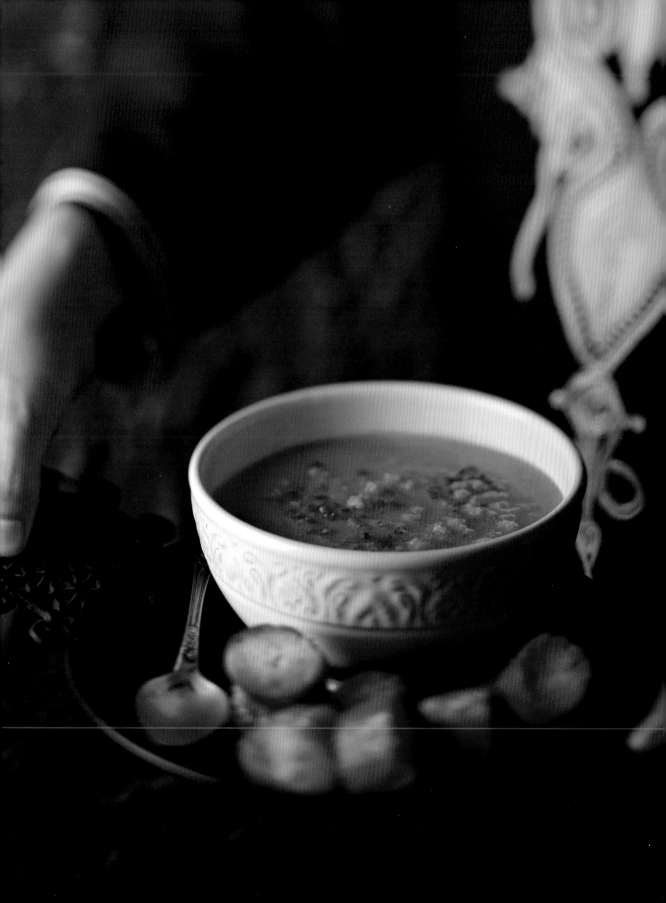

شوربة العدس

تكفي من :
٢ إلى ٤ أشخاص

مدة التحضير: ٣٠ دقيقة

٥٠٠ جرام (٢ كوب) عدس أصفر

٣٠٠ جرام (٤ حبات) جزر مفروم

٢ حبة متوسطة بصل (٢٥٠ جرام تقريبًا) مقطعة على شكل شرائح

٥ فصوص ثوم: ٣ فصوص مقطعة وفصان مفرومان

١ حبة بطاطس متوسطة الحجم (١٠٠ جرام تقريبًا) مقشرة ومهروسة

ربع ملعقة صغيرة زبدة

ربع ملعقة صغيرة ملح

ربع ملعقة صغيرة كمون

٤ ملاعق طعام زيت ذرة

نصف ملعقة طعام دقيق

١ ملعقة صغيرة كزبرة

شوربة العدس هي من الشوربات المصرية المفضلة، وهي غنية بالمواد غذائية، وتقدم عادة مع شرائح الليمون.

١. يغسل العدس جيدًا بالماء ويصفى باستخدام مصفاه.

٢. يوضع العدس في إناء، ويضاف ٣ أكواب ماء ويسخن.

٣. يضاف جزر مفروم وشرائح بصل و٣ فصوص ثوم مفروم إلى العدس.

٤. تضاف البطاطس وتخلط مع الخليط السابق. يسخن الخليط على درجة حرارة متوسطة لمدة ٢٠ دقيقة. ثم يرفع الخليط من على النار ويوضع في خلاط كهربائي ليهرس. ويصب بعد ذلك في إناء ليسخن مع إضافة الزبدة، و يرش الملح والكمون. في حالة الرغبة في شوربة خفيفة يضاف الماء. أما في حالة الرغبة في شوربة كثيفة يقلب العدس مع الدقيق.

٥. في إناء منفصل يتم تحمير فصين من الثوم المفروم في زيت الذرة إلى أن يتحول إلى اللون الذهبي الغامق. تضاف ملعقة من الكزبرة المفرومة وتقلب مع الثوم، ثم نضيف الثوم والكزبرة الساخنين إلى شوربة العدس حتى يسمع الصوت المسمى بالطشة "تشش".

يفضل أن تقدم مع الخبز المقرمش المقطع على شكل مربعات.

المقبلات

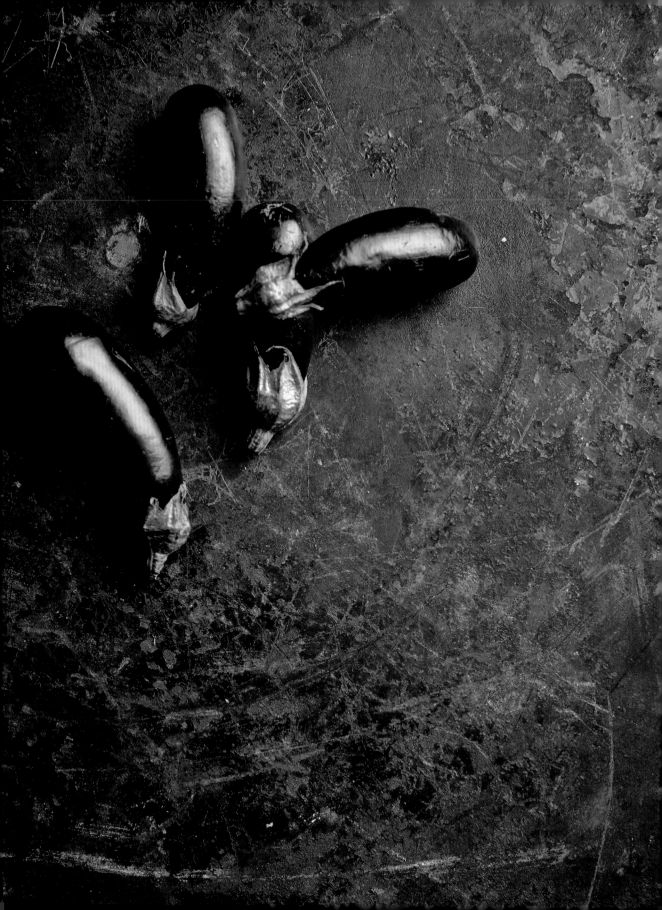

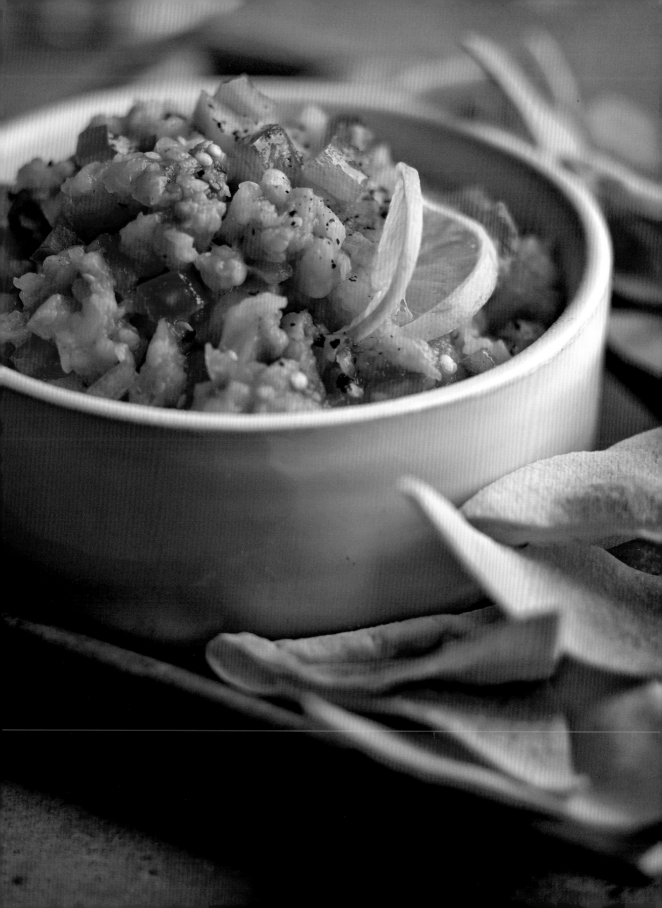

سلطة باذنجان أبو السيد

(باذنجان مقلي مهروس مع الخضار وزيت الذرة)

تكفي من : | مدة التحضير: ٢٥ دقيقة
٢ إلى ٤ أشخاص

احبة باذنجان كبيرة (٥٠٠ جرام تقريبًا)
٢ حبة فلفل أخضر
٢ حبة طماطم متوسطة (٣٠٠ جرام تقريبًا)
عصارة ليمونة واحدة
١ فص ثوم مفروم
١ ملعقة صغيرة زيت زيتون
١ ملعقة صغيرة خل
نصف ملعقة صغيرة ملح
ربع ملعقة شطة مطحونة

_____

هذه وصفة تتكون من الباذنجان المعروف في مصر باسم الباذنجان الرومي. هذه السلطة تعتبر من المقبلات المصرية النباتية أو المزّة، وتقدم في مطاعم أبو السيد فقط.

١. يسخن الفرن على درجة حرارة ٢٦٠ درجة مئوية.

٢. يغسل الباذنجان والفلفل الأخضر والطماطم، وينشف الباذنجان جيدًا مع إزالة القشر.

٣. يغرز الباذنجان بالشوكة جيدًا ويرش عليه زيت الذرة للاستفادة بعصارته أثناء الطبخ.

٤. يقطع الفلفل الأخضر والطماطم إلى مربعات صغيرة.

٥. يوضع الباذنجان والفلفل الأخضر والطماطم في إناء طهي، ويخبز في الفرن لمدة ٢٠ دقيقة، حتى يتغير لون الباذنجان إلى اللون الغامق ويصبح لينًا.

٦. يرفع من الفرن وتترك الخضروات لتبرد.

٧. يقشر الباذنجان ويهرس في وعاء، ثم يضاف الفلفل الأخضر والطماطم.

٨. تضاف عصارة الليمون لإكساب طعم وأيضا للمحافظة على لون الباذنجان.

٩. يضاف الثوم المفروم وزيت الذرة والخل والملح والشطة الي الوعاء ويخلط جيدًا.

١٠. ينقل إلى طبق التقديم.

يفضل أن تقدم باردة مع الخبز المصري البلدي.

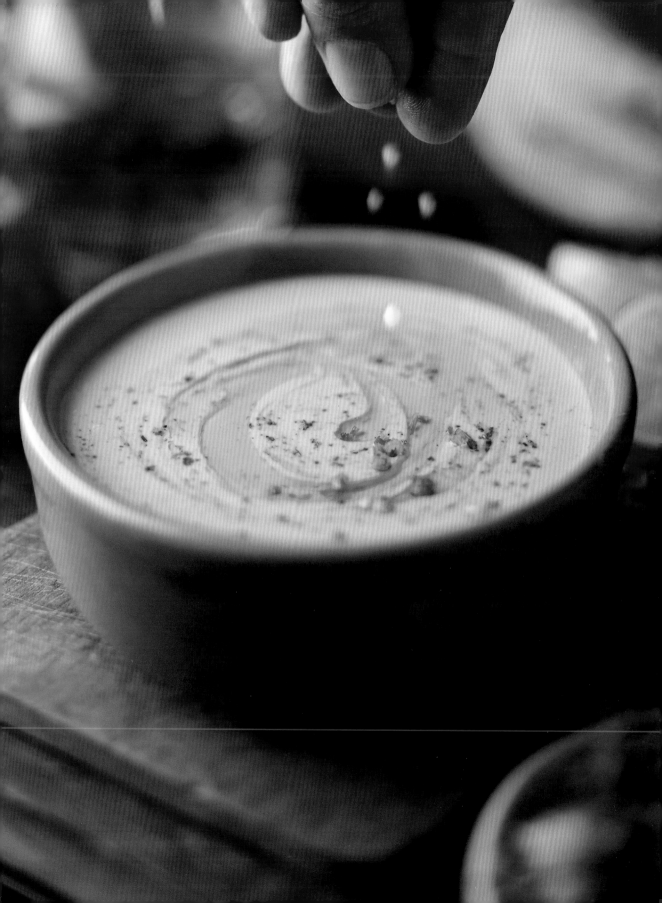

سلطة الطحينة

تكفي من : ٢ إلى ٤ أشخاص | مدة التحضير: ٥ دقائق

٢٥٠ جرام (١ كوب) طحينة
١ ملعقة صغيرة خل
عصارة نصف ليمونة
ربع كوب ماء ساخن
ربع ملعقة صغيرة ملح
ربع ملعقة صغيرة فلفل حار
ربع ملعقة صغيرة كمون
فص ثوم
ربع ملعقة صغيرة زيت زيتون

الطحينة مكونة من عجينة بذور السمسم وتعتبر من أهم أطباق السلطات المصرية. في حالة عدم توفر الطحينة الجاهزة، يمكن تحضيرها كالتالي: تضبط حرارة الفرن على ١٨٠ درجة مئوية. توضع ٢٠٠ جرام (١ كوب) من بذور السمسم في صينية، وتحمص في الفرن إلى أن يتغير لونها، مع مراعاة ألا يتحول لونها إلى اللون البني. وعند الانتهاء من تحميصها توضع بذور السمسم في الخلاط ويتم إضافة ملعقة صغيرة من زيت الذرة ويخلط الخليط حتى يصبح كثيفًا وناعمًا.

١. توضع الطحينة في الخلاط ويضاف عليها الخل وعصارة الليمون ويتم خلطهما جيدًا.
٢. يخلط ماء ساخن في إناء مع ملح وفلفل حار وكمون.
٣. يتم إضافة هذا الخليط إلى خليط الطحينة. وإذا كان الخليط ما زال يابسًا، يخلط مرة أخرى في الخلاط بسرعة خفيفة حتى يصبح أنعم.
٤. نضيف الثوم المفروم وزيت الزيتون إلى الخليط. ويقدم الطبق مع قطع الخبز العربي.

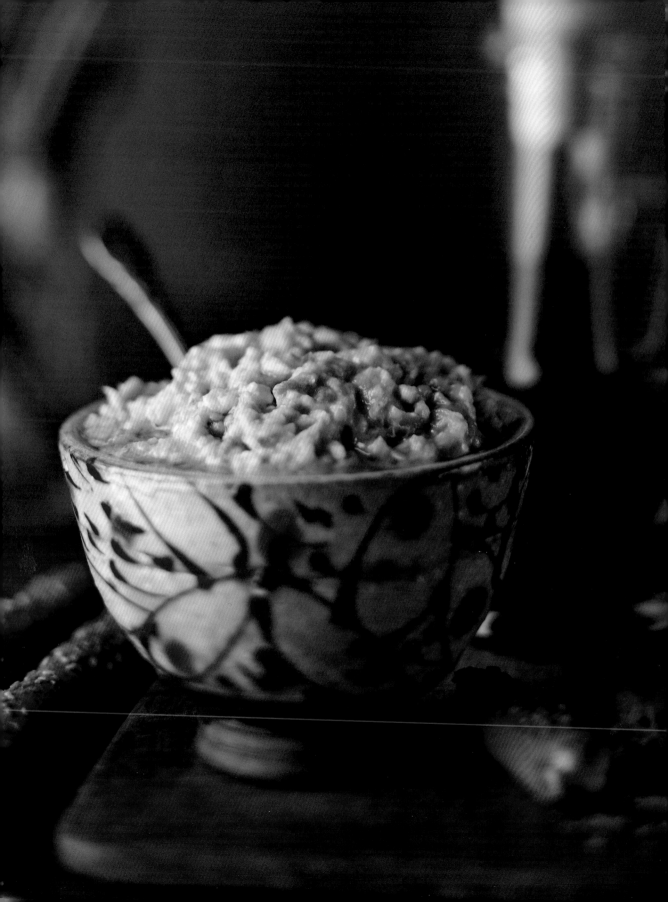

سلطة البابا غنوج

(سلطة الباذنجان)

تكفي من : | مدة التحضير: ١٠ دقائق
٢ إلى ٤ أشخاص | مدة الطبخ للباذنجان: ٤٠ دقيقة

١. تضبط حرارة الفرن على ٢٦٠ درجة مئوية.

٢. يغسل الباذنجان وينشف مع الحفاظ على قشرته.

٣. تغرز جميع قطع الباذنجان بواسطة شوكة، ثم بفرشاة يتم وضع زيت زيتون عليها لاستخراج عصارة الباذنجان أثناء الطبخ.

٤. يوضع الباذنجان والبصل في صينية وتترك في الفرن لمدة ٣٠ دقيقة، حتى يتغير لون الباذنجان من الناحيتين ويصبح لينًا.

٥. يرفع الباذنجان من الفرن ويترك حتى يبرد.

٦. يقشر الباذنجان المطبوخ ويهرس مع البصل في إناء منفصل.

٧. يضاف ليمون للخليط للحفاظ على اللون.

٨. يهرس الثوم ويتم إضافته إلى الإناء.

٩. تضاف الطحينة والخل والفلفل الحار والملح.

١٠. تخلط جميع المكونات باليد للحصول على قوام كثيف.

١١. ينقل الخليط إلى طبق التقديم وتتم إضافة ربع ملعقة زيت زيتون ورش بعض البقدونس المفروم على السطح.

يفضل أن يقدم باردًا مع الخبز العربي.

المكونات

- ٢ حبة باذنجان رومي (١ كيلوجرام تقريبًا)
- ١ ملعقة زيت زيتون
- ٢ بصل متوسط الحجم (٢٠٠ جرام تقريبًا) مقطع مع عصير ليمونتين صغيرتين (١٠٠ جرام تقريبًا)
- ١ فص ثوم
- ٢ ملعقة طعام طحينة
- ربع ملعقة صغيرة خل
- ربع ملعقة صغيرة شطة أو فلفل حار
- ربع ملعقة صغيرة ملح
- ربع ملعقة صغيرة بقدونس مفروم

بابا غنوج هو واحد من أهم أطباق السلطات المصرية. ينبغي أن يكون قوامه كثيفًا لذلك يجب أن لا يكون ناعمًا أو ذائبًا عند التقديم، والباذنجان المستخدم في هذا الطبق معروف في مصر باسم الباذنجان الرومي، إشارة إلى أصله التركي.

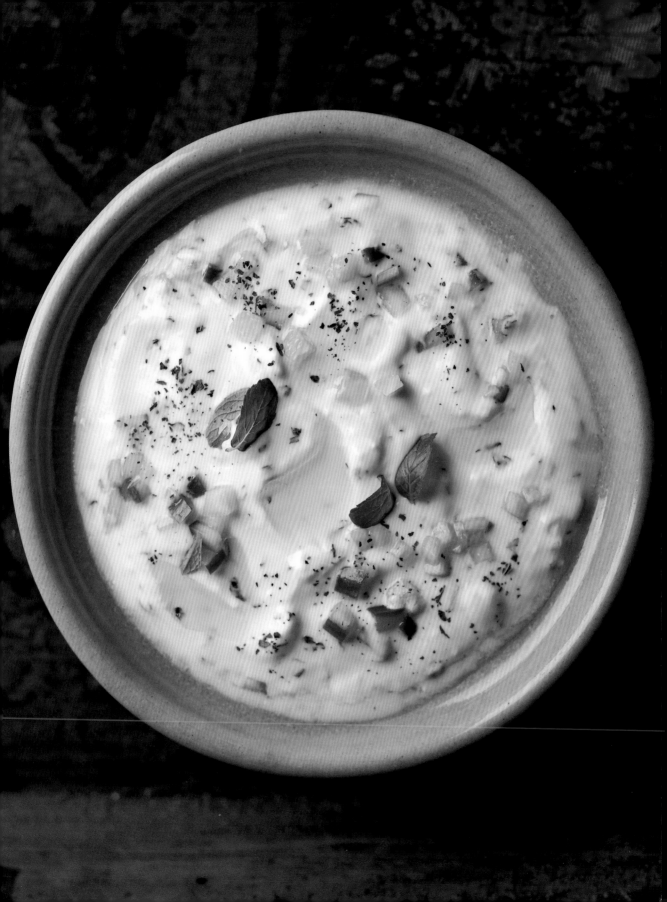

سلطة الزبادي بالخيار والنعناع

تكفي من :   مدة التحضير: ١٠ دقائق
٢ إلى ٤ أشخاص

١ لتر (٤ أكواب) لبن زبادي
ربع ملعقة صغيرة ملح
١ فص ثوم مفروم
١ حبة صغيرة خيار (٧٥ جرام تقريبًا)
ربع ملعقة صغيرة نعناع ناشف

يفضل أن تقدم طازجة في نفس اليوم الذي تحضر فيه. وتعتبر هذه السلطة من أفضل الاختيارات كمقبلات أو مزة، وهي مكملة لمعظم الوجبات المصرية.

١. يخلط اللبن الزبادي والملح مع ثوم مفروم في الخلاط وينقل إلى وعاء. يقشر الخيار ويقطع قطعًا صغيرة، ويضاف خليط الزبادي والثوم.

٢. ينقل الخليط إلى طبق التقديم ويجمل بقطع من النعناع الناشف.

٣. يفضل أن تقدم مع لفائف ورق العنب (محشي ورق العنب: صفحة ٤٣) أو مع قطع الخبز المحمص المقطع على هيئة مربعات صغيرة.

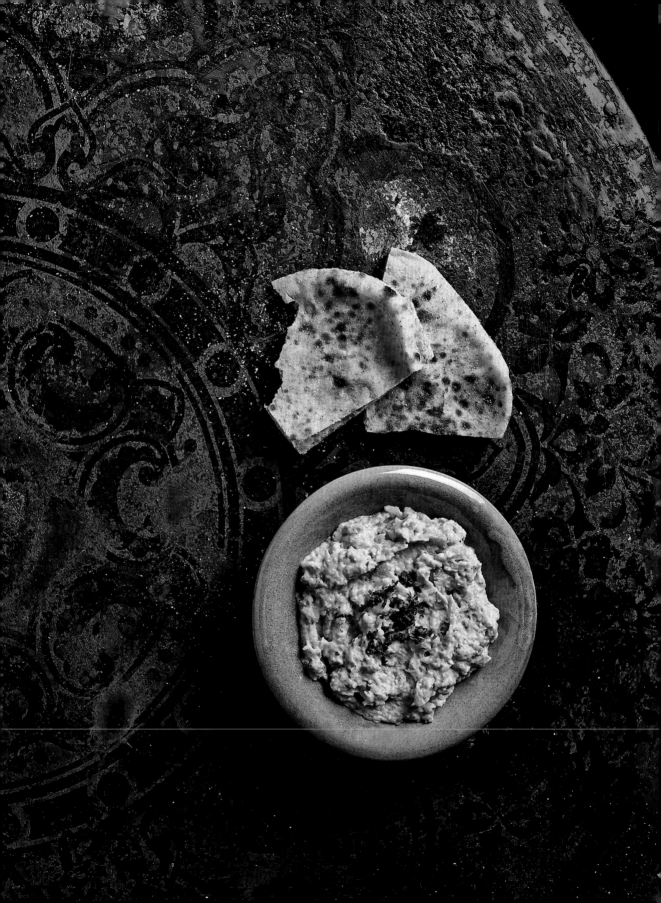

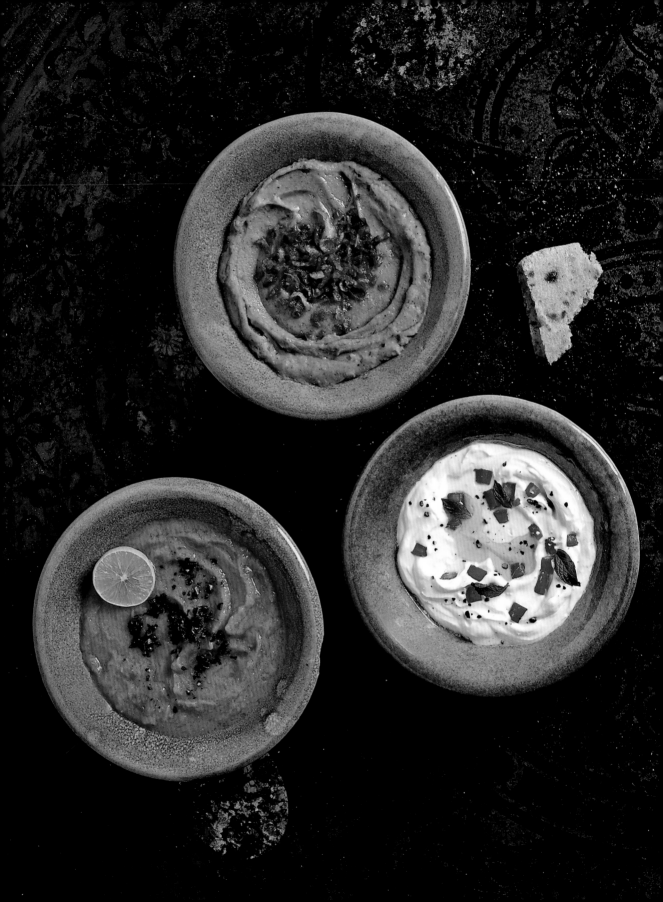

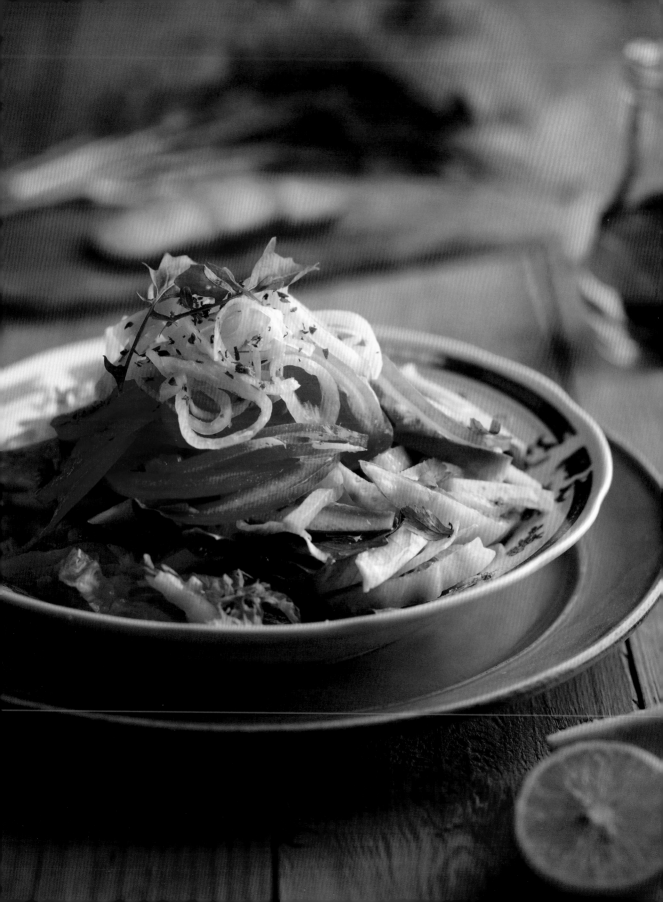

سلطة شرقية

مدة التحضير: ١٠ دقائق | تكفي من :
| ٢ إلى ٤ أشخاص

٣ حبات طماطم (٦٠٠ جرام تقريبًا)

٢ حبة صغيرة خيار (١٥٠ جرام تقريبًا)

١ حبة متوسطة بصل (٢٥٠ جرام تقريبًا)

نصف رأس صغير خس (١٥٠ جرام تقريبًا)

١ حزمة جرجير (١٠٠ جرام تقريبًا)

عصير نصف ليمونة

١ ملعقة طعام خل

١ ملعقة صغيرة زيت

ربع ملعقة ملح صغيرة

نصف ملعقة صغيرة كمون

السلطة الشرقية، المسماة بالسلطة البلدي، سلطة خفيفة وجاهزة للأكل في كل بيت مصري. تقدم عادة مع جميع الوجبات.

١. تغسل الخضروات الطازجة كلها. تقطع الطماطم والخيار قطعًا صغيرة ويقطع البصل إلى شرائح طويلة ورفيعة ومتساوية الحجم، وتخلط جميع الخضروات في وعاء. يقطع الخس والجرجير ويضافا إلى الخضروات.

الصلصة:

٢. تخلط عصارة الليمون مع الخل والزيت والملح والكمون.

٣. تضاف إلى الخضروات وتخلط جيدًا.

تقدم على الفور.

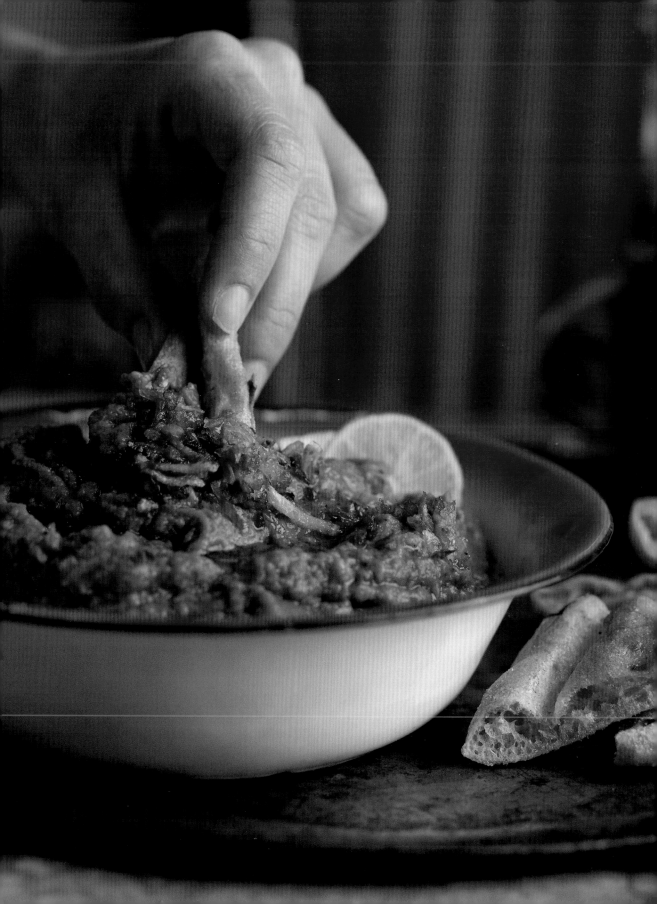

البصارة

تكفي من : | مدة التحضير: ١٥ دقيقة
٢ إلى ٤ أشخاص | مدة الطبخ: ٣٠ دقيقة

٧٠٠ جرام (٣ أكواب) فول أبيض مقشور

٦ فصوص ثوم مفروم

٢٥٠ مليلتير (١ كوب) أوراق كزبرة

١ ملعقة طعام شبت مقطع

٢٥٠ مليليتر (١ كوب) أوراق بقدونس

ربع ملعقة فلفل أسود صغيرة

١ ملعقة صغيرة ملح

نصف ملعقة صغيرة بودرة نعناع مجفف

ربع ملعقة صغيرة بودرة شطة

٢ ملعقة صغيرة زيت ذرة

١ ملعقة صغيرة كزبرة

٤ حبات بصل (٥٠٠ جرام تقريبًا)

١. يغسل الفول الناشف جيدًا. نضع الفول في إناء صغير ونضيف ٣ فصوص ثوم مع الكزبرة، والشبت، والبقدونس، والفلفل الأسود، والملح، وبودرة النعناع، وبودرة الشطة، و٣ أكواب ونصف ماء.

٢. نطهي المكونات في الإناء لمدة ٣٠ دقيقة. ثم ينقل كل الخليط إلى الخلاط حتى تمتزج المكونات جيدًا وتتحول إلى اللون الأخضر الغامق.

٣. يعاد الخليط إلى إناء طهي للسلق على حرارة منخفضة لمدة ١٥ دقيقة.

٤. يرفع من على النار ويضاف الملح وبودرة الشطة.

٥. في إناء آخر يقلى الثوم مع قليل من زيت ذرة حتى يتغير لونه، ثم تضاف الكزبرة الناشفة وتطبخ على حرارة منخفضة حتى تتحول إلى اللون الذهبي. يضاف الثوم والكزبرة إلى خليط الفول وسوف يسمع صوت الطشة "تشش".

٦. تنقل إلى طبق التقديم.

٧. يقطع البصل إلى شرائح رفيعة ونضع ٢ ملعقة زيت ذرة في إناء طهي آخر ويتم تحميرها حتى تتحول الشرائح إلى اللون البني الغامق (لون الكراميل). ثم يتم رشها على البصارة.

يفضل أن تقدم في درجة حرارة الغرفة.

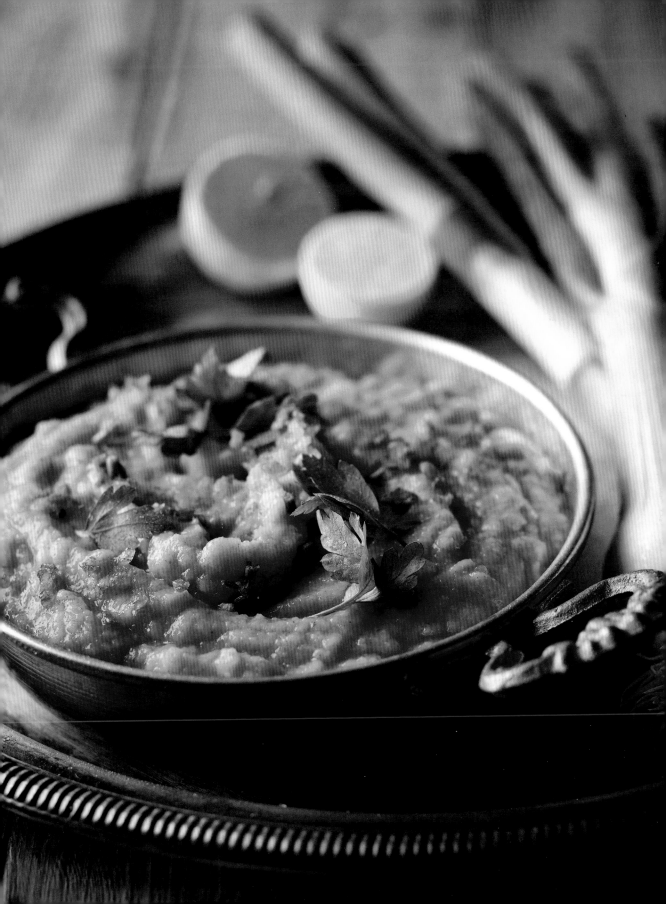

سلطة عدس أبو السيد

تكفي من : ٢ إلى ٤ أشخاص | مدة التحضير: ١٠ دقائق
مدة الطبخ: ٣٠ دقيقة

٢٢٥ جرام (١ كوب) عدس أصفر
٢ فص ثوم كبير ومقطع
٢ حبة بصل متوسطة الحجم (٢٥٠ جرام تقريبًا)
٢ حبة جزر مفروم (١٥٠ جرام تقريبًا)
٢ حبة كبيرة طماطم (٤٠٠ جرام تقريبًا)
١ حبة متوسطة بطاطس (١٠٠ جرام ٢ تقريبًا)
١ ملعقة طعام زبدة
١ ملعقة صغيرة ملح
ربع ملعقة صغيرة بودرة شطة
٣ ملاعق طعام زيت ذرة
١ ملعقة صغيرة ورق كزبرة مفروم

العدس الأصفر معروف جدًا في المطبخ المصري. الطبق غير مكلف، ومشبع، وغني بالمواد الغذائية، وسهل التحضير. وفي بعض الأحيان يستخدم كبديل للحوم في موسم الصيام القبطي.

١. يغسل العدس عدة مرات.
٢. يسلق العدس في عدد ٢ كوب ماء ويضاف الحمص، وفص ثوم ، و١ حبة بصل مفرومة، واحبة جزر مفرومة، و١ حبة طماطم مقطعة، و١ حبة بطاطس مقطعة. يسلق العدس والخضار لمدة ٢٠ دقيقة، حتى ينضج، مع مراعاة أن يكون متماسكًا وغير لينًا.
٣. يوضع في مصفاة لتصفيته من الماء.
٤. يخلط العدس والخضار في خلاط ويعاد ليطهى على نار منخفضة.
٥. يقطع باقي الطماطم شرائح رفيعة وتوضع في إناء طهي آخر مع المتبقي من الجزر المفروم، وتطهى على نار هادئة مع ملعقة زبدة صغيرة وربع كوب ماء لمدة ٥ دقائق.
٦. يجمع الخليطان في إناء واحد، مع إضافة ملح وشطة.
٧. يحمر باقي الثوم المفروم في زيت الذرة في إناء مختلف، ويقلب حتى يتحول إلى اللون الذهبي الغامق. ثم تضاف ١ ملعقة صغيرة ورق كزبرة مفروم وتقلب مع الثوم. عند الانتهاء يضاف الخليط إلى العدس الساخن، وسوف تسمع صوت الطشة "تشش".
٨. تبرد في الثلاجة وتقدم.

يفضل أن تقدم باردة مع الخبز المصري البلدي.

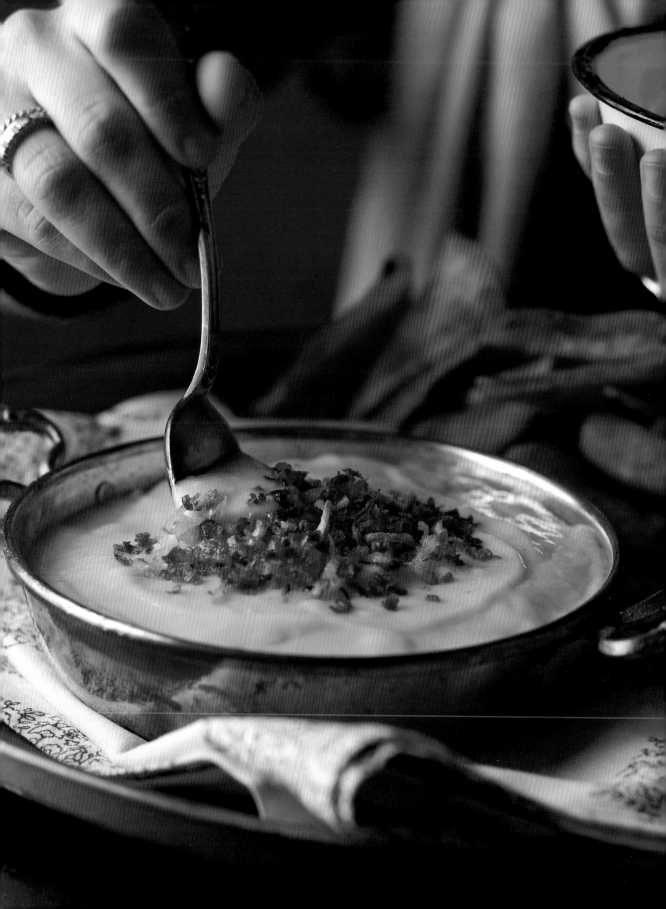

كشك بالزبادي

تكفي من :
٢ إلى ٤ أشخاص

مدة التحضير: ٣٠ دقيقة
مدة الطبخ: ١٥ دقيقة

ربع كوب حليب
٢ ملعقة طعام دقيق
٢ مكعب مرقة دجاج في ٣ أكواب ماء، أو ٣ أكواب مرقة دجاج مملحة
٥٠٠ مليليتر(٢ كوب) لبن زبادي
٢ ملعقة طعام زيت ذرة
١ حبة بصل (١٢٥ جرام تقريبًا) زائد
١ ملعقة طعام بصل مفروم
ربع ملعقة صغيرة فلفل أبيض
١ ملعقة طعام سمن أو زبدة
عصير ٢ حبة ليمون

الكشك ممكن أن يطبخ مع مرق الدجاج فقط أو مع إضافة اللبن الزبادي، ولكن يختلف الاثنان تمامًا في المذاق. يتميز هذا الطبق باختلاف نكهته حسب نوع المرقة المستخدم، سواء مرقة لحم أم مرقة خضروات، والمنتجات المخمرة.

١. يخلط الحليب والدقيق، وتضاف نصف كمية مرقة الدجاج واللبن الزبادي.

٢. يخلط جيدًا بالخلاط ويغطى ليتماسك لمدة ٣٠ دقيقة.

٣. تسخن ملعقتان صغيرتان من الزيت في إناء طهي مع ملعقة صغيرة بصل مفروم وفلفل أبيض. يقلب البصل ويحمر حتى يتحول لونه إلى اللون البني.

٤. تضاف الكمية المتبقية من مرقة الفراخ وتسخن حتى الغليان.

٥. تخفض الحرارة ونضيف اللبن الزبادي ونقلب حتى نحصل على خليط ناعم وكريمي.

٦. تضاف ملعقة طعام من السمن مع الاستمرار في التقليب.

٧. يضاف عصير الليمون للخليط وينقل إلى طبق التقديم ويترك ليبرد.

٨. يقطع البصل شرائح رفيعة ويحمر في إناء طهي مع قليل من السمن حتى يتحول إلى اللون الذهبي الغامق.

٩. يرش البصل المقلي فوق الكشك.

يفضل أن يقدم في درجة حرارة الغرفة مع الخبز البلدي المصري.

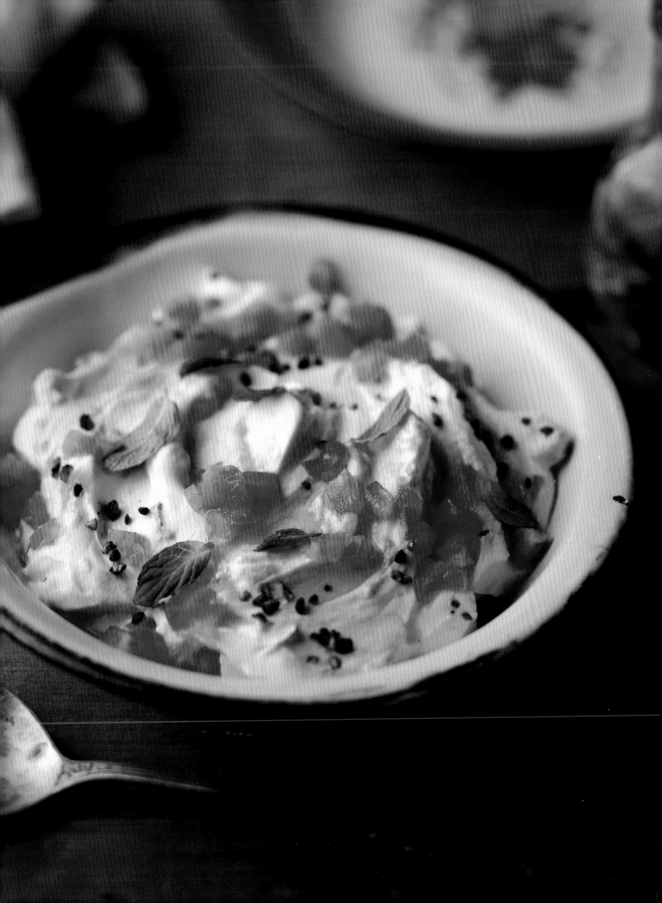

سلطة الجبن الحارة

تكفي من : ‏
٢ إلى ٤ أشخاص

مدة التحضير: ١٠ دقائق

٢ حبة طماطم (٢٥٠ جرام تقريبًا)
٥٠٠ جرام جبنة فيتا (الجبنة الفيتا الخفيفة التي تباع في وعاء مناسبة لهذه الوجبة أكثر من الأنواع الأخرى الأكثر جفافًا)
ربع ملعقة صغيرة بودرة شطة
ربع ملعقة طعام زيت ذرة
٢ ملعقة طعام بقدونس
١ ملعقة صغيرة زيت زيتون

سلطة الجبن الحارة هي واحدة من أشهر السلاطات المصرية. من الممكن أن تقدم كوجبة إفطار أو كمزة أو كنوع من المقبلات مع أية أكلات أخرى.

١. تقطع الطماطم قطع صغيرة (٢ سم ٭ ٢ سم).

٢. تخلط الجبنة الفيتا مع بودرة الشطة وزيت الذرة حتى يصبح الخليط ناعمًا، ثم تضاف الطماطم.

٣. ينقل إلى طبق التقديم، ويرش البقدونس المقطع على السطح ويضاف زيت الزيتون.

يفضل ان تقدم باردة مع الخبز البلدي المصري.

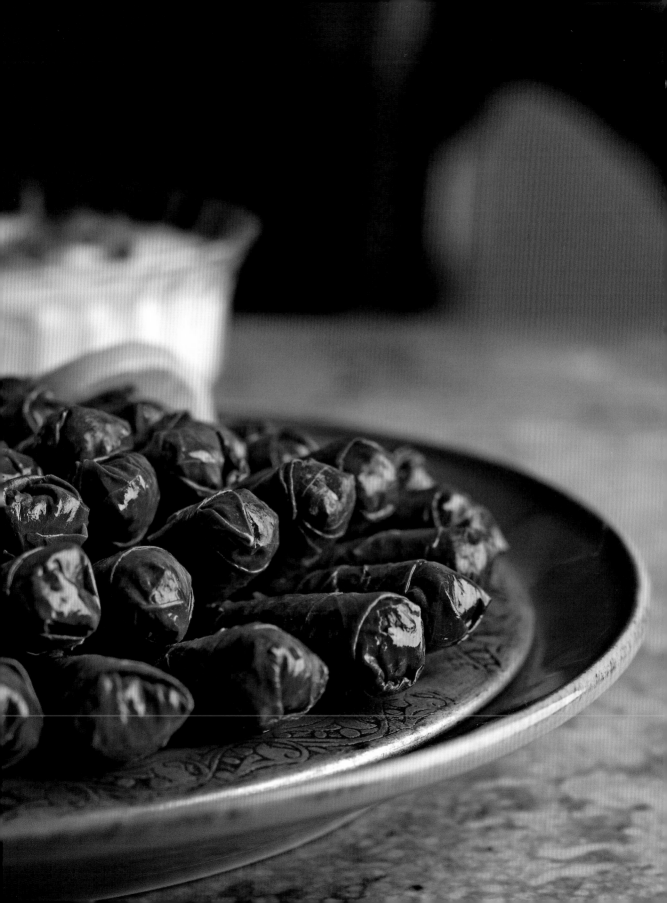

محشي ورق العنب

تكفي من: ٢ إلى ٤ أشخاص | مدة التحضير: ٣٠ دقيقة

- ٤٠٠ جرام لحم بقري مفروم مخلوط باللحم الضاني
- ٢ ملعقة صغيرة بصل مفروم
- ٤ فصوص مفرومة ثوم
- ١ ملعقة صغيرة ملح
- ربع ملعقة صغيرة بودرة شطة
- ١ ملعقة صغيرة فلفل أبيض
- ٢٠٠ جرام (١ كوب) أرز
- ٤ حبات طماطم كبيرة (٨٠٠ جرام تقريبًا)
- ٢ حبة جزر
- ربع ملعقة طعام صلصة طماطم
- ٢ حزمة شبت طازج (٥٠ جرام تقريبًا)
- ١ حزمة بقدونس (٥٠ جرام تقريبًا)
- ٢ حزمة كزبرة طازجة (١٠٠ جرام تقريبًا)
- ٢ حزمة نعناع طازج (١٠٠ جرام تقريبًا)
- ٢ ملعقة طعام زيت زيتون
- ٥٠٠ جرام ورق عنب
- ١ مكعب مرقة لحمة أو خضار مع عصير عدد ٤ ليمونات صغيرة (٢٠٠ جرام تقريبًا)
- نصف ملعقة صغيرة نعناع ناشف

تحضير الحشو:

١. يوضع اللحم المفروم في وعاء مع إضافة البصل المفروم، والثوم المفروم، والملح، والشطة، والفلفل الأبيض.

٢. يغسل الأرز جيدًا ويصفى، ثم يضاف غير مطبوخ إلى الوعاء مع اللحم المفروم.

٣. تقشر ٣ حبات طماطم وتقطع قطع صغيرة جدًا. يضاف الجزر المفروم وصلصة الطماطم.

٤. يفرم الشبت والبقدونس والكزبرة والنعناع في مفرمة الطعام فرمًا ناعمًا، ثم يضاف زيت الذرة ويخلط جيدًا مع الخليط السابق.

تحضير ورق العنب:

٥. في حالة استخدام ورق عنب طازج، يغسل جيدًا وينقع في ماء وملح لمدة دقيقتين. أما في حالة استخدام ورق العنب المثلج يغسل فقط. إذا كان ورق العنب كبير الحجم يمكن أن يقطع قطعتين على أن تكون كل القطع متساوية الحجم، وتزال الساق المتوسطة في أوراق العنب بسكين حاد.

٦. يتم رص كل السيقان بطريقة منظمة في قاع الوعاء.

٧. يقطع باقي الجزر والطماطم حلقات رفيعة دائرية.

٨. يرص الجزر والطماطم والنعناع في طبقات فوق السيقان.

٩. على سطحٍ مستوٍ، توضع الناحية الداخلية من الأوراق لأعلى وتكون الناحية الخارجية من الأوراق ملاصقة للسطح.

١٠. تحشى كل ورقة عنب بملعقة صغيرة من الحشو، وتلف بإحكام على شكل القلم الرصاص ويطبق الجزء الأيمن والأيسر بأحكام خلال اللف.

١١. يرص الورق المحشي في إناء طهي كبير على شكل دائري وفي طوابق فوق السيقان، مع ترك مساحة صغيرة بين أصابع المحشي ليتمدد مع الطهي.

١٢. تخلط مرقة اللحم أو الخضار مع ٤/٣ كوب ماء، وتسخن على النار في إناء حتى الغليان وتصب على المحشي. يغطى إناء المحشي ويطبخ على درجة حرارة منخفضة لمدة ٣٠ دقيقة.

١٣. يرش زيت الذرة وعصارة الليمون على المحشي.

١٤. ينقل إلى طبق التقديم.

١٥. يجمل المحشي بالنعناع الناشف ويقدم دافئًا.

يفضل أن يقدم مع سلطة الزبادي والنعناع.

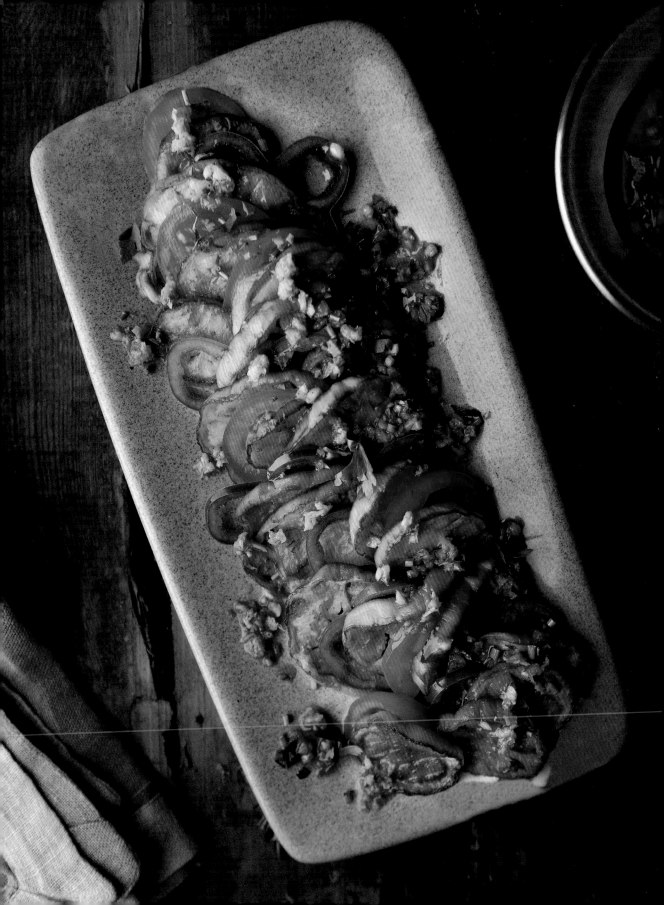

الباذنجان المقلي مع الثوم والخل

تكفي من :
٢ إلى ٤ أشخاص
| مدة التحضير: ٣٠ دقيقة

١. يقطع الباذنجان حلقات دائرية سمكها ١/٢ سم تقريبًا.

٢. يسخن زيت الذرة في إناء طهي وتحمر حلقات الباذنجان حتى تتحول إلى اللون البني.

٣. ترفع حلقات الباذنجان من الزيت بواسطة شوكة كبيرة وتنشف من الزيت بورق المطبخ، وترص في طبق التقديم. ثم تقطع حلقات الطماطم وتضاف إلى طبق التقديم.

٤. في وعاء يتم خلط زيت الزيتون مع المستردة والخل وعصير الليمون والثوم والكمون والملح والشطة والماء.

٥. يضاف إلى الباذنجان والطماطم ويترك لمدة عشر دقائق حتى يختلط مذاق المكونات قبل التقديم.

٦. يجمل بالبقدونس المفروم.

يفضل أن يقدم باردًا مع الخبز البلدي المصري.

- ٢ حبة كبيرة باذنجان (١ كيلو تقريبًا)
- ٤٠٠ مليليتر (واحد ونصف كوب) زيت ذرة
- ٤ حبات كبيرة طماطم (٨٠٠ جرام تقريبًا)
- ١ ملعقة صغيرة زيت زيتون
- ١ ملعقة صغيرة مستردة
- ١ ملعقة صغيرة خل
- عصير نصف ليمونة
- ٤ فصوص ثوم مفرومة أو مقطعة قطع صغيرة جدًا
- نصف ملعقة صغيرة كمون
- ربع ملعقة صغيرة ملح
- ربع ملعقة صغيرة بودرة شطة
- ٢ ملعقة طعام ماء
- ١ حزمة بقدونس

هذا الطبق هو جزء من العائلة المصرية للخضروات المخللة.

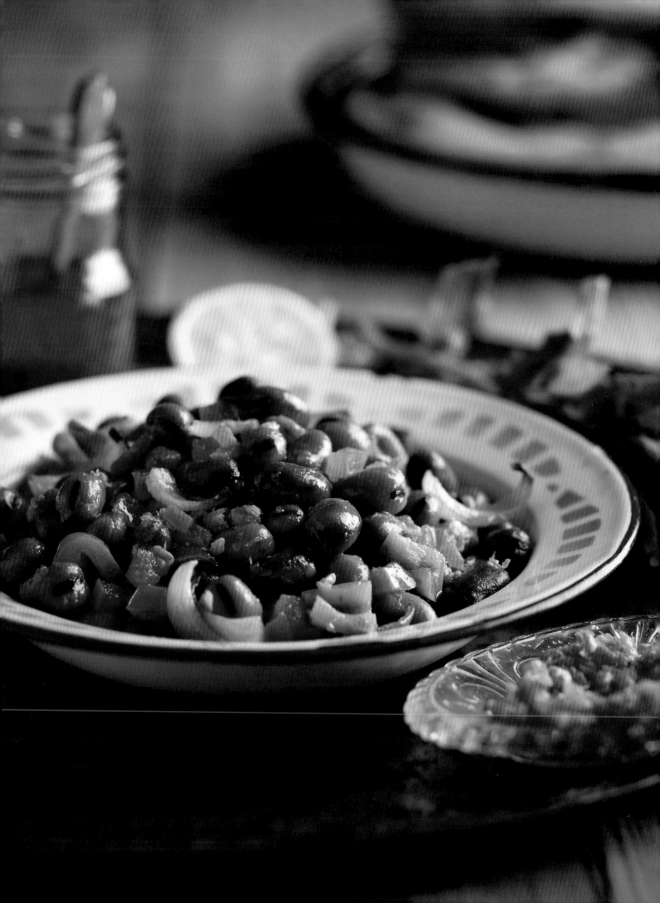

الفول الشرقي

(فول مع الفلفل الرومي والبصل)

تكفي من :
٢ إلى ٤ أشخاص

مدة التحضير: ١٥ دقيقة

٥٠٠ مليليتر (٢ كوب) فول معلب
٢ حبة متوسطة بصل (٢٥٠ جرام تقريبًا)
٢ حبة فلفل رومي أخضر
١ ملعقة طعام زبدة
١ ملعقة صغيرة زيت عباد شمس
نصف ملعقة صغيرة كمون
ربع ملعقة صغيرة ملح
ثمن ملعقة صغيرة بودرة شطة
عصير نصف ليمونة
قليل من البقدونس المفروم
١ حبة طماطم (٢٠٠ جرام تقريبًا)
١ ملعقة صغيرة زيت زيتون

الفول أو الفول المطبوخ، والمعروف بالفول المدمس، هو الإفطار المصري الشعبي.

١. في إناء طهي مغطى، يقلب الفول في الماء برفق لمدة ٥ دقائق على درجة حرارة ما بين المتوسطة والمنخفضة. ثم يهرس في الخلاط.
٢. يقطع البصل قطعًا صغيرة والفلفل الرومي الأخضر على شكل مربعات صغيرة.
٣. تسخن الزبدة مع ملعقة طعام زيت عباد الشمس في إناء طهي، وتضاف الخضروات ويتم تحميرها حتى تتحول إلى اللون البني. ثم يضاف الفول إلى هذا الخليط مع الكمون والملح والشطة وعصير الليمون.
٤. يصب في طبق التقديم، وترش على السطح الطماطم والبقدونس المفروم، مع إضافة قليل من زيت الزيتون.

يفضل أن يقدم مع قطع الخبز البلدي.

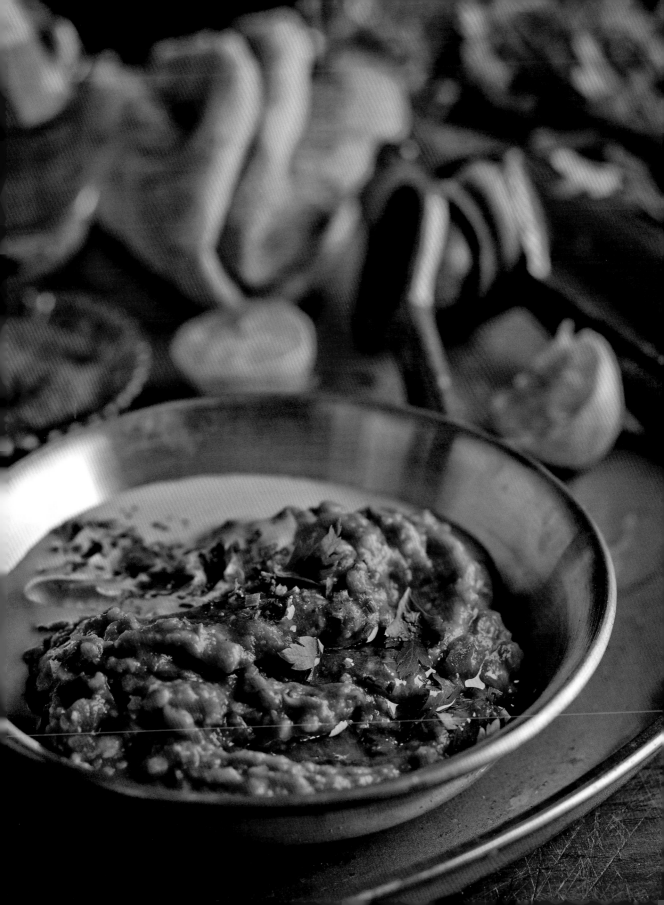

الفول بالطحينة

تكفي من : | مدة التحضير: ٣٠ دقيقة

٢ إلى ٤ أشخاص

١. في إناء طهي مغطى، يقلب الفول في الماء برفق لمدة خمس دقائق على درجة
حرارة ما بين المتوسطة والمنخفضة. ثم يهرس في الخلاط.

٢. تسخن الزبدة في إناء طهي آخر ويضاف الفول المهروس، ويقلب مع الكمون
والملح والشطة.

٣. ينقل إلى وعاء التقديم وتضاف الطحينة وزيت الزيتون ويجمل بالبقدونس المفروم
على السطح.

يفضل أن يقدم مع قطع الخبز البلدي.

٥٠٠ جرام (٢ كوب) فول معلب
١ ملعقة طعام زبدة
نصف ملعقة صغيرة كمون
ربع ملعقة صغيرة ملح
ثمن ملعقة صغيرة بودرة شطة
٤ ملاعق طعام طحينة
كمية صغيرة من البقدونس المفروم
١ ملعقة صغيرة زيت زيتون

_____

الفول أو الفول المطبوخ، والمعروف بالفول
المدمس، هو الإفطار المصري الشعبي. تصنع
الطحينة من حبوب السمسم، وهي من أشهر
الإضافات لأطباق الفول والعديد من الأطباق
المصرية الأخرى.

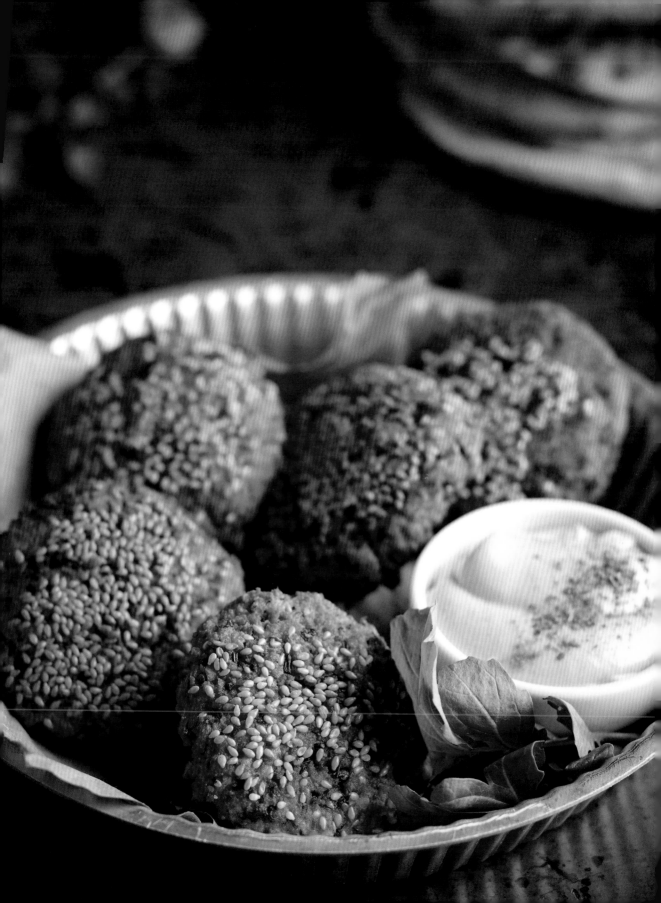

الطعمية

(فلافل)

تكفي من :

٢ إلى ٤ أشخاص

مدة التحضير: من ٣ إلى ١٢ ساعة لنقع الحمص

مدة الطبخ: ٣٠ دقيقة

---

٥٠٠ جرام (٢ كوب) الحمص الناشف
أو المعلب أو الفول الأبيض

١ حزمة بصل أخضر

٢ حزمة كزبرة

٦ فصوص ثوم

٢ حبة كبيرة بصل (٢٥٠ جرام تقريبًا)

١ حبة فلفل حار طازج

١ حزمة بقدونس مفروم

١ ملعقة صغيرة ملح

١ ملعقة طعام سمسم

١٢ ملعقة طعام زيت ذرة

الطعمية معروفة أيضًا بالفلافل في بلدان الشرق الأوسط، حيث يستخدم الحمص في طبخها، أما في مصر يستخدم الفول. الطعمية مناسبة للنباتيين وهي من أشهر الأكلات السريعة في مصر، وتؤكل في وجبة الإفطار وخلال اليوم. يفضل أن تقدم الطعمية ساخنة أو في درجة حرارة الغرفة، وتقطع إلى نصفين في الخبز المصري المسمى بالبلدي، وتضاف إليها الطحينة والسلطة.

١. في حالة استخدام الحمص الناشف، ينقع في ماء بارد لمدة لا تقل عن ٣ ساعات أو طوال الليل. وفي حالة استخدام الحمص المعلب أو الفول الأبيض ينقع لمدة ٣٠ دقيقة.

٢. يفرم البصل والكزبرة والثوم والفلفل الأخضر في مفرمة حتى يصبح الخليط مهروس تمامًا، و يمكن أيضًا تقطيع كل المكونات بسكين حاد.

٣. في وعاء كبير يوضع الحمص والبقدونس والملح.

٤. يفرم الحمص ويخلط جيدًا مع المكونات السابقة.

٥. باستخدام ملعقة كبيرة تغرف كميات من الخليط وتشكل على هيئة فطائر قطرها ٥ سم.

٦. توضع الفطائر في السمسم وتقلب على الجهتين.

٧. تحمر لمدة ٥ دقائق في زيت الذرة، وتقلب الفطائر حتى تتحول إلى اللون البني. ترفع الفطائر من الزيت بملعقة كبيرة وتوضع على ورق المطبخ قبل التقديم.

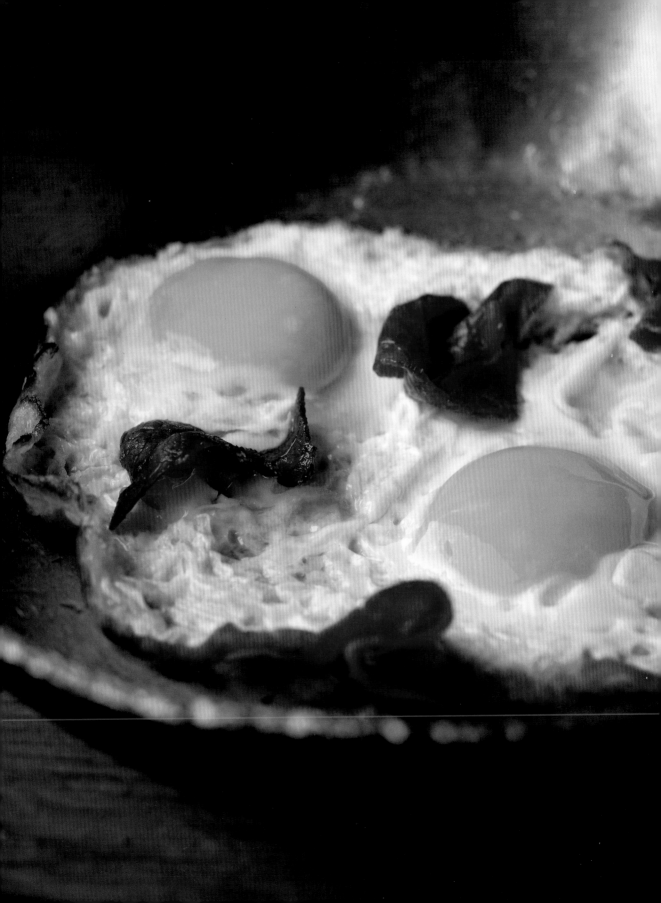

بيض مقلي مع البسطرمة

تكفي من : | مدة التحضير: ٧ دقائق
٢ إلى ٤ أشخاص

١ ملعقة طعام زيت ذرة
١ ملعقة طعام زبدة
٤ بيضات
١٢٥ جرام بسطرمة
ربع ملعقة صغيرة فلفل أسود

١. يسخن زيت الذرة والزبدة في إناء طهي.
٢. يكسر البيض ويقلى في الإناء الساخن، يترك الصفار سليمًا (عيون) ويحمر لمدة دقيقة.
٣. تقطع البسطرمة إلى حلقات مستطيلة وتوزع على بياض البيض. تطبخ لمدة ٥ دقائق.
٤. تنقل إلى طبق ويرش الفلفل الأسود على السطح.

تقدم مع الخبز المصري البلدي.

البيض المقلي مع البسطرمة من أشهر أطباق الإفطار المصرية. يطبخها العديد من المصريين في المنازل في نهاية الأسبوع.

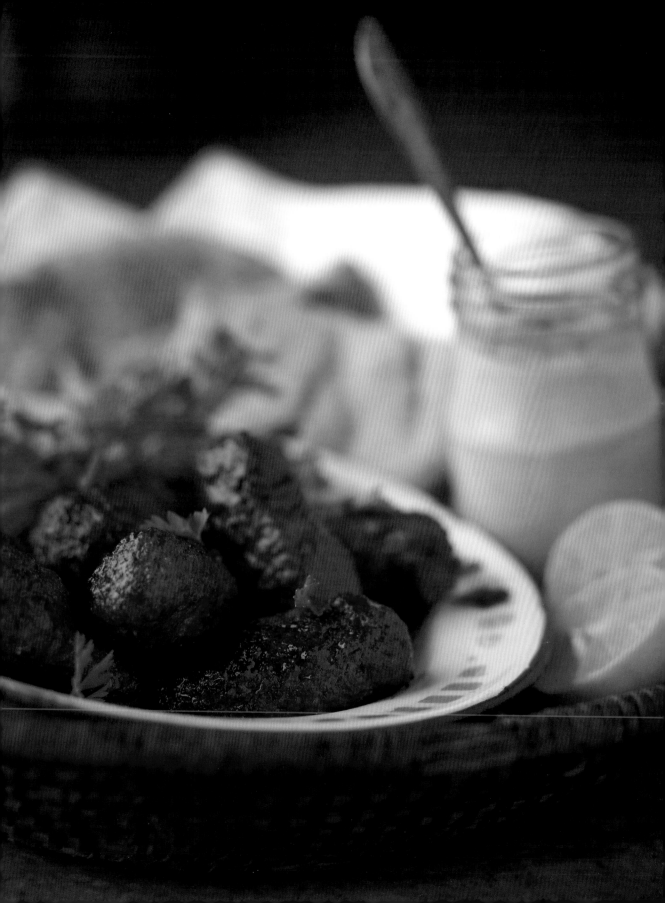

طرب

(كفتة ضاني)

تكفي من : ٢ إلى ٤ أشخاص | مدة التحضير: ٣٠ دقيقة

٥٠٠ جرام لحم ضاني
نصف ملعقة صغيرة دهن ضاني مفروم
١ حبة بصل مفرومة (٢٥٠ جرام تقريبًا)
نصف ملعقة صغيرة ملح
ربع ملعقة صغيرة فلفل أبيض
نصف ملعقة صغيرة بهارات
١ ملعقة طعام زيت ذرة

هذه وصفة مطعم أبو السيد المصري لشوي اللحم المفروم.

١. تسخن المشواة أو مشواة الفرن الكهربائي مسبقًا.
٢. يخلط اللحم والدهن مع البصل والملح والفلفل الأبيض والبهارات المختلفة وزيت الذرة.
٣. يشكل اللحم على هيئة أشكال أسطوانية عرضها ٤ سم وطولها ٧ سم.
٤. تدهن الكفتة بقليل من الزيت لحمايتها من الالتصاق على المشواة أثناء الطبخ.
٥. تشوى حسب درجة النضج المرغوبة.

يفضل أن يقدم مع الخبز المصري البلدي والطحينة.

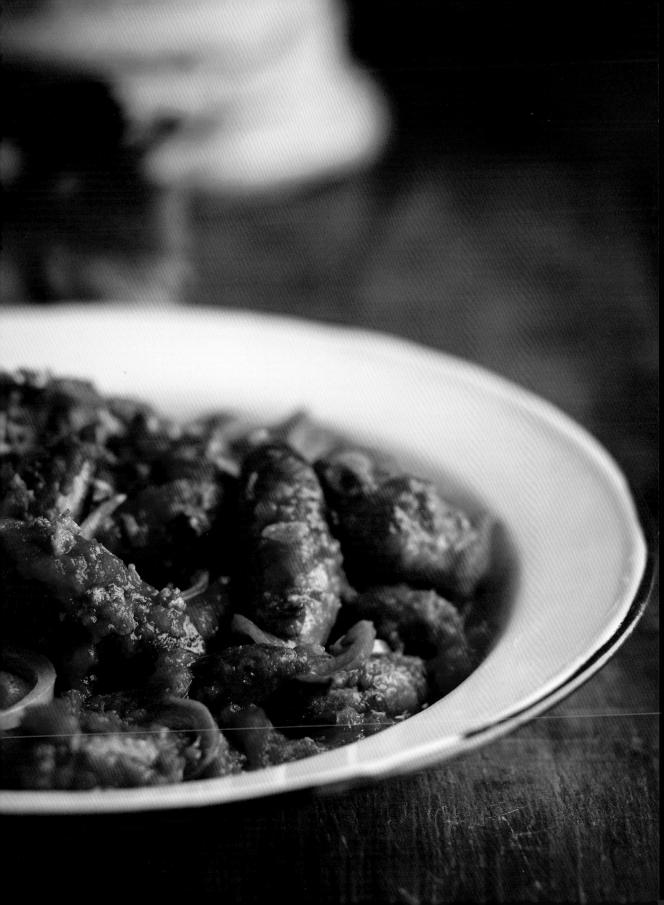

السجق الشرقي الحار

مدة التحضير: ٣٠ دقيقة | تكفي من :
٢ إلى ٤ أشخاص

١. يسخن الزيت في إناء الطهي وتضاف إليه حلقات البصل الدائرية مع الثوم المفروم ويحمر إلى أن يتحول إلى اللون البني.

٢. يضاف السجق ويستمر الطبخ لمدة ٥ دقائق.

٣. تقشر الطماطم وتفرم في الخلاط مع نصف كوب ماء ومعجون الطماطم (صلصة الطماطم).

٤. تقلب عصارة الطماطم وتوضع على السجق، وتطهى على درجة حرارة متوسطة لمدة ١٥ دقيقة.

٥. يضاف الملح والشطة.

٦. قبل اكتمال النضج تضاف حلقات الفلفل الأخضر الصغيرة إلى خليط السجق ويستمر التقليب لمدة دقيقتين.

٧. يجمل بالبقدونس قبل التقديم.

يفضل أن يقدم ساخنًا مع الخبز البلدي أو الخبز الشامي أو المحمص.

المكونات

٢ ملعقة طعام زيت ذرة

٢ حبة متوسطة بصل (٢٥٠ جرام تقريبًا)

٤ فصوص ثوم مفرومة

٥٠٠ جرام سجق شرقي

١ حبة كبيرة طماطم (٢٠٠ جرام تقريبًا)

١ ملعقة طعام معجون طماطم

ربع ملعقة صغيرة ملح

ربع ملعقة صغيرة بودرة شطة

١ حبة فلفل أخضر مقطعة على هيئة حلقات رفيعة (١٠٠ جرام تقريبًا)

١ حزمة بقدونس

السجق الشرقي يمكن شراؤه عند الجزار ومحلات اللحم، ويكون مملحًا وجاهزًا للطبخ.

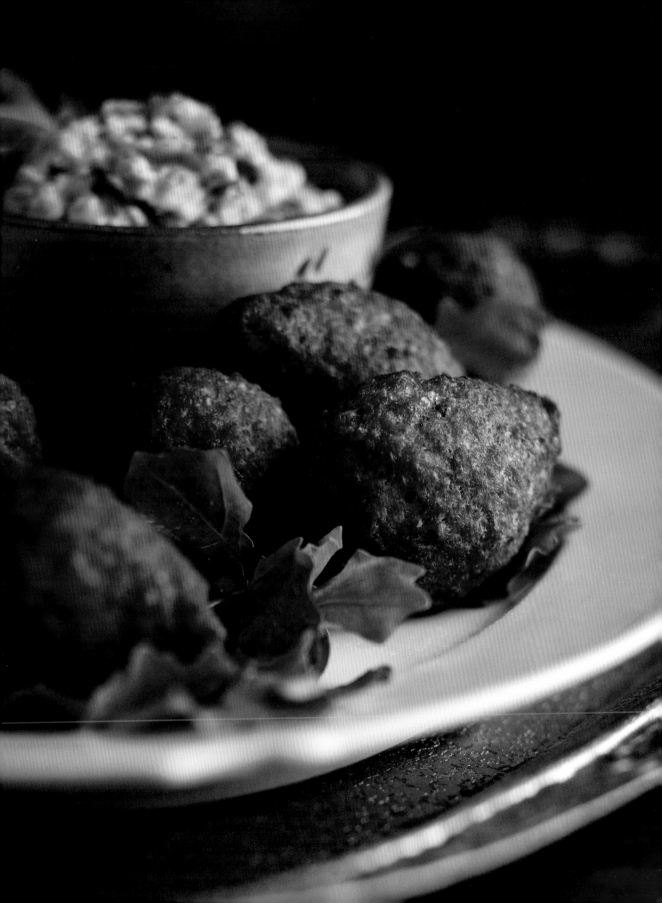

الكبيبة

(كرات لحم الغنم المقلية مع البرغل)

تكفي من : ٢ إلى ٤ أشخاص | مدة التحضير: ٣٠ دقيقة

٢٢٥ جرام (١ كوب) أبيض برغل
٢٢٥ مليليتر (١ كوب) زيت ذرة
٢٥٠ جرام لحم غنم مفروم
١ ملعقة صغيرة ملح
ربع ملعقة صغيرة فلفل
ربع ملعقة صغيرة قرفة مطحونة
ربع ملعقة صغيرة بهار
١ حبة فلفل أحمر مقطعة قطعًا صغيرة (٥٠ جرام تقريبًا)
ملعقة طعام صنوبر
ملعقة صغيرة نعناع ناشف

١. ينقع البرغل في الماء لمدة ١٥ دقيقة.
٢. تخلط جميع المكونات ، ما عدا الصنوبر والنعناع وزيت الذرة، في مفرمة الطعام حتى تمتزج جيدا.
٣. يخلط الصنوبر مع النعناع في وعاء منفصل.
٤. يتم تشكيل الخليط يدويًا على شكل كرات.
٥. يوضع خليط الصنوبر في منتصف الكرات بعد عمل فتحة صغيرة بها.
٦. يسخن زيت الذرة على درجة حرارة منخفضة وتقلى الكوبيبة في الزيت لمدة عشر دقائق حتى تتحول إلى اللون البني.

يفضل أن تقدم ساخنة مع سلطة البابا غنوج.

الكبيبة تعرف أيضًا باسم "الكِبة" في بلدان أخرى بالشرق الأوسط.

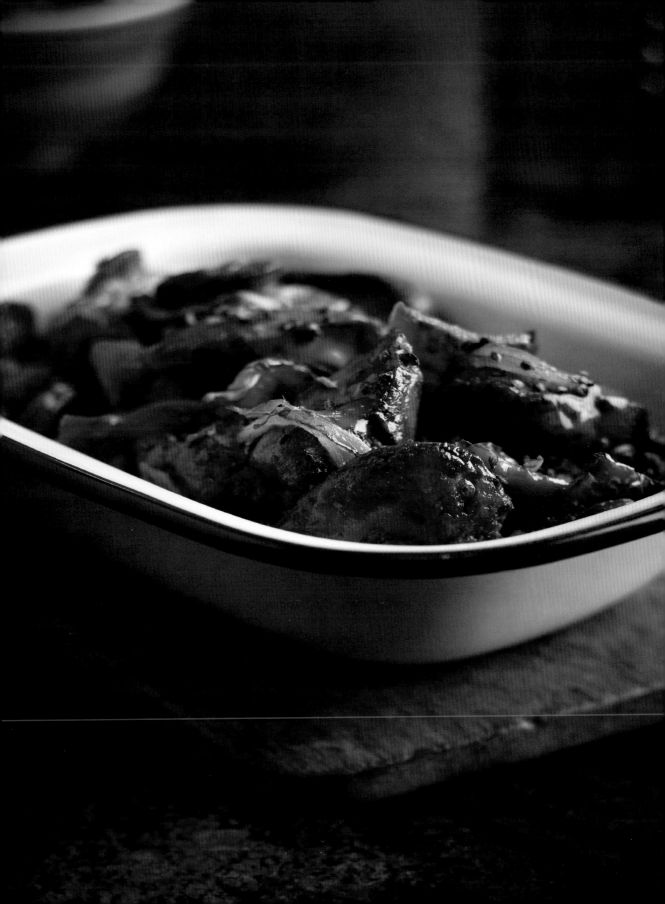

كبدة الفراخ الإسكندراني

تكفي من :
٢ إلى ٤ أشخاص

مدة التحضير: ٣٠ دقيقة

٥٠٠ جرام كبدة فراخ
٢٥٠ جرام بصل
٤ ملاعق طعام زيت ذرة
نصف ملعقة طعام زبدة
٢ فص ثوم مقطع قطعًا صغيرة
٢ حبة فلفل أحمر مقطع حلقات
ربع ملعقة صغيرة ملح
ربع ملعقة صغيرة فلفل أسود
عصارة نصف ليمونة (١٠٠ ملليلتر تقريبًا)

رغم أن هذا الطبق أصله من مدينة الاسكندرية إلا أنه معروف في جميع أنحاء مصر.

١. تغسل كبدة الفراخ بالماء ثم تصفى من الماء.
٢. تقطع الكبدة والبصل إلى مربعات صغيرة (٣ سم * ٣ سم تقريبًا).
٣. يسخن زيت الذرة في إناء طهي وتحمر كبدة الفراخ لمدة عشر دقائق.
٤. ترفع الكبدة من الإناء وتبقى دافئة. تضاف الزبدة والثوم والفلفل الأحمر والملح والفلفل الأسود إلى البصل، ونستمر في التقليب حتى يتحول لونه إلى اللون البني.
٥. ينقل البصل إلى طبق التقديم وتضاف عليه الكبدة ويعصر عليها الليمون.

تقدم مع الخبز البلدي المصري.

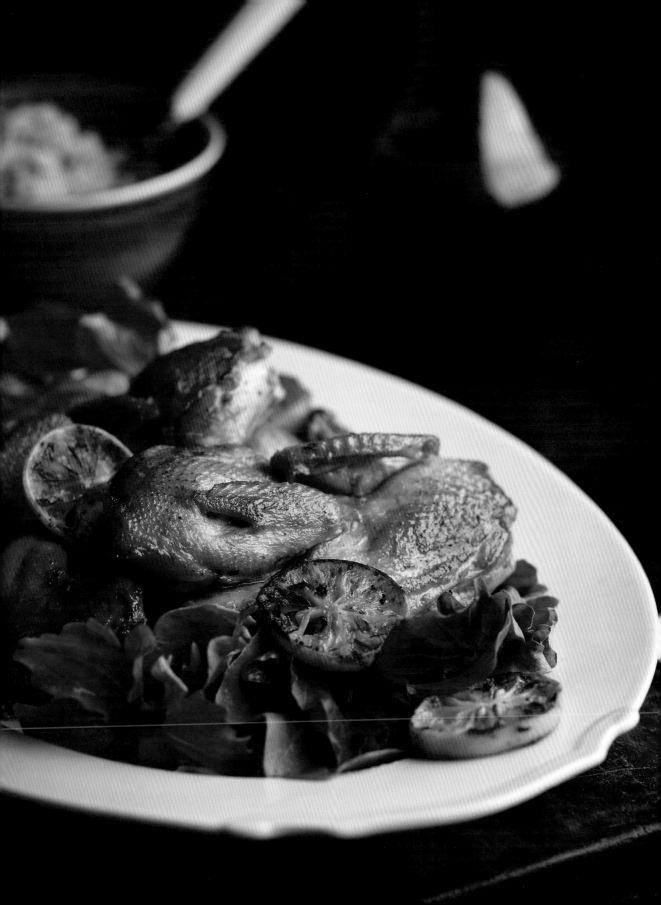

السمان المشوي

تكفي من :
مدة التحضير: ٤٥ دقيقة
٢ إلى ٤ أشخاص

تحضير السمان:

١. تتم إزالة الجناحين.

٢. باستخدام مقص تتم إزالة الأرجل والأربطة.

٣. تتم إزالة الرأس والذيل دون قطع أجزاء من الجسم قدر الإمكان.

٤. تتم إزالة الجلد والريش.

٥. تتم إزالة الأمعاء والرئة والقلب.

٦. يقسم السمان إلى نصفين، ويفرد باستخدام مطرقة لحم.

٧. يشطف بماء دافي.

الطريقة:

٨. يقشر البصل والطماطم ويتم خلطهم في الخلاط ثم يوضع الخليط في وعاء.

٩. يضاف زيت الذرة والملح والفلفل الأبيض والبهارات المختلفة والمستردة والسمان إلى الخليط في الوعاء.

١٠. ينقع لمدة ١٠ دقائق.

١١. يرفع السمان من النقع ويرش بقليل من زيت الذرة ويشوى إلى أن يتحول إلى اللون البني.

١٢. بعد الشوي تسخن الزبدة في إناء على درجة حرارة فوق المتوسطة، ويحمر السمان لمدة قصيرة. يرفع السمان ويضاف إليه عصير الليمون، ويقدم مع الطحينة.

٤ حبات سمان
٢ حبة بصل (٢٥٠ جرام تقريبًا)
٢ حبة طماطم (٢٥٠ جرام تقريبًا)
٢ ملعقة طعام زيت ذرة
١ ملعقة صغيرة ملح
ربع ملعقة صغيرة فلفل أبيض
نصف ملعقة صغيرة بهارات مختلفة
١ ملعقة صغيرة مستردة
١ ونصف ملعقة طعام زبدة
عصارة ٢ ليمون (١٠٠ جرام تقريبًا)

———————————

السمان المشوي مفضل في كل بيت مصري، وقد يبدو تحضيره صعب لكن بعد الانتهاء من تنظيفه وإعداده يصبح سهل وسريع الطبخ.

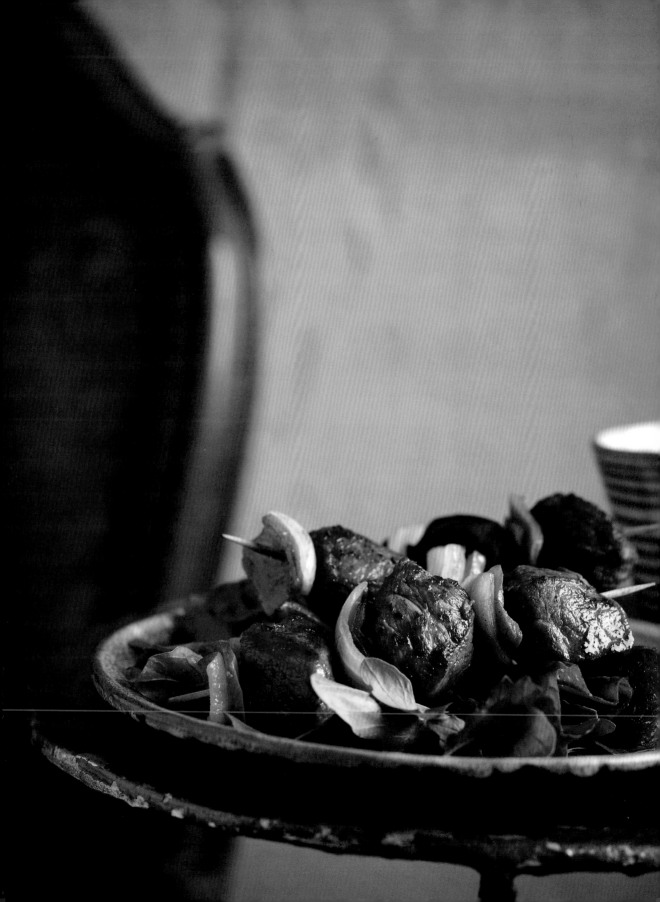

كباب بتلو صغير

تكفي من :
٢ إلى ٤ أشخاص

مدة التحضير: ٤٥ دقيقة

٥٠٠ جرام لحم بتلو
٣ حبات بصل (٣٠٠ جرام تقريبًا)
٢ حبة فلفل أخضر
٢ حبة طماطم (٢٥٠ جرام تقريبًا)
٢ ملعقة طعام زيت ذرة
١ ملعقة صغيرة ملح
ربع ملعقة صغيرة فلفل أبيض
نصف ملعقة بهارات مختلفة
١ ملعقة صغيرة مستردة
٦ أسياخ معدنية أو خشبية

___

أبو السيد هو المطعم الوحيد الذي يحضر الكباب البتلو بهذه الطريقة المميزة.

التحضير:

١. تقطع مكعبات الكباب البتلو مكعبات حجمها ٤ سم ٭ ٤ سم.
٢. تقطع ٢ حبة بصل وفلفل أخضر مربعات صغيرة حجمها ٣ سم ٭ ٣ سم.

التتبيل:

٣. يقشر باقي البصل والطماطم، ويخلط في خلاط ويقلب الخليط في وعاء.
٤. يضاف إليه زيت الذرة والملح والفلفل الأبيض والبهارات المختلفة والمستردة واللحم.
٥. ينقع لمدة عشر دقائق.

الشوي:

٦. يوضع البصل والفلفل الأخضر واللحم البتلو في أسياخ بنفس الترتيب.
٧. يدهن الزيت على مكعبات الكباب وتشوى حتى تتحول إلى اللون الذهبي. ثم تقلب في زبدة دافئة.

يفضل أن يقدم مع الخبز البلدي المصري والطحينة.

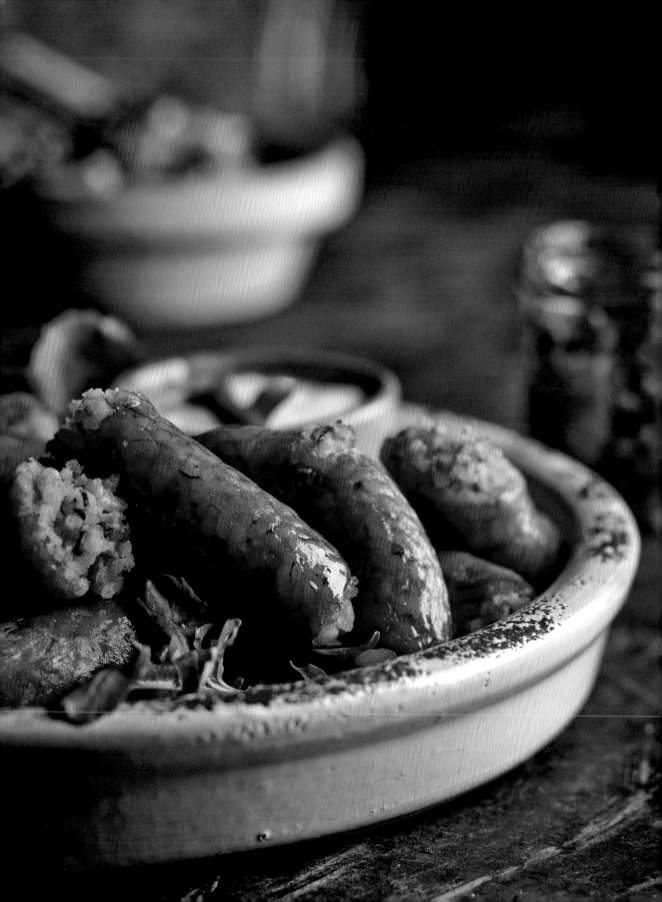

الممبار المحشي

تكفي من : ٢ إلى ٤ أشخاص | مدة التحضير: ساعة و١٥ دقيقة

١ كيلو ممبار (فوارغ أمعاء)
٢ حزمة كزبرة
١ حزمة بقدونس
١ حزمة شبت
٥ حبات متوسطة بصل (١٠٠ جرام تقريبًا)
١٠ فصوص ثوم (١٠٠ جرام تقريبًا)
٥٠٠ مليليتر (٢ كوب) زيت ذرة
٢ ونصف كوب أرز
٢ ملعقة صغيرة معجون طماطم
١ ملعقة صغيرة بودرة شطة
١ ملعقة صغيرة ملح
ربع ملعقة صغيرة فلفل أسود
١ ملعقة طعام خل
١ ملعقة طعام دقيق
٨ حبات متوسطة طماطم (٥٠٠ جرام تقريبًا)
٤ أوراق لوري
٤ حبات حبهان

قد يكون هذا الطبق صعب الطبخ لأول مرة ولكنه يحضر في أغلب البيوت المصرية.

١. تفرم الكزبرة والشبت والبقدونس. يقطع البصل والثوم قطعًا صغيرة أو يفرما في مفرمة الطعام.
٢. يحمر البصل والثوم في إناء عميق مع الزيت حتى يتحولا إلى اللون البني.
٣. يغسل الأرز جيدًا، ويضاف البصل والثوم.
٤. يضاف معجون الطماطم ونصف كوب ماء ويقلب لمدة ٥ دقائق.
٥. تضاف الشطة والفلفل والكزبرة والبقدونس والشبت وواحد ونصف ملعقة صغيرة ملح.
٦. يخلط جيدًا ويترك ليبرد.
٧. باستخدام ملعقة خشب رفيعة وطويلة يقلب الجزء الداخلي من الممبار (فوارغ الأمعاء) إلى الخارج.
٨. ينقع في خليط من الخل والدقيق وواحد ونصف ملعقة صغيرة ملح.
٩. يقلب الجزء الداخلي مرة أخرى ويشطف بالماء.
١٠. يتم حشو الممبار (الفوارغ) بخليط الأرز مع مراعاة عدم الحشو الزائد، حيث أن الأرز سوف يتمدد أثناء الطبخ.
١١. تربط الأطراف بخيط رفيع.
١٢. تقشر الطماطم وتعصر وتوضع العصارة في إناء عميق.
١٣. يضاف ورق اللوري والحبهان والممبار المحشو ويسلق لمدة ٢٠ دقيقة على درجة حرارة مرتفعة.
١٤. تزال الخيوط من الممبار المحشي ويقلى في الزيت لمدة ٥ دقائق.
١٥. يقطع الممبار المحشو إلى قطع حجمها ٢ سم تقريبًا ويقدم.

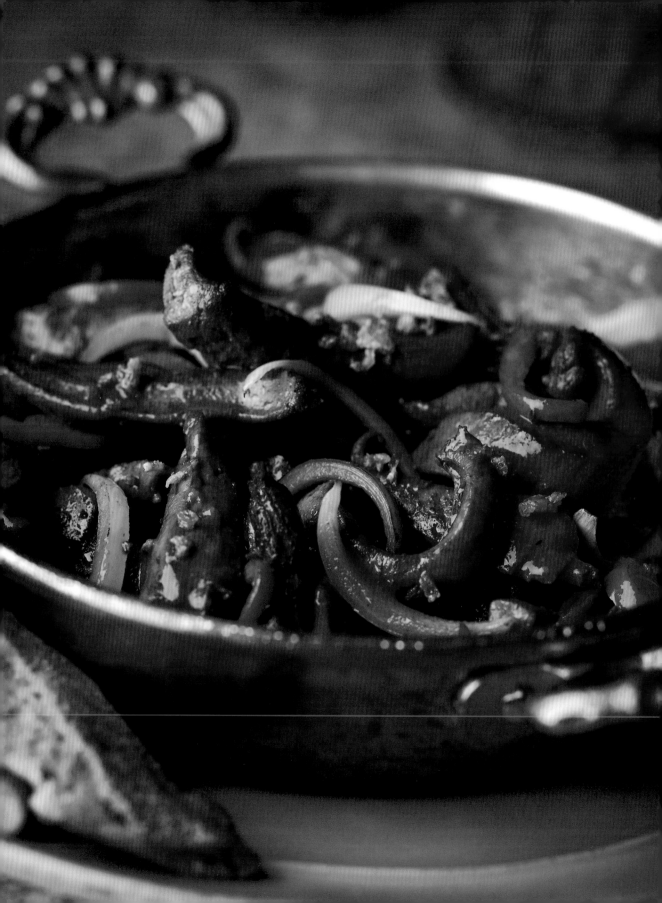

الكبدة البتلو الإسكندراني

تكفي من : | مدة التحضير: ٢٥ دقيقة

٢ إلى ٤ أشخاص

١. تغسل الكبدة البتلو جيدًا بالماء ثم تصفى من الماء.

٢. تقطع الكبدة مع البصل إلى مكعبات حجمها ٣ سم ‪*‬ ٣ سم.

٣. يسخن زيت الذرة في إناء طهي وتحمر فيه الكبدة لمدة ٥ دقائق.

٤. ترفع الكبدة من الإناء وتحفظ دافئة. تضاف الزبدة والبصل والثوم والفلفل الأخضر والملح والفلفل الأسود إلى الإناء. يحمر الثوم والبصل إلى أن يتحولا إلى اللون البني الذهبي.

٥. ينقل إلى طبق التقديم وتضاف إليه الكبدة وترش عليها عصارة الليمون.

يقدم مع الخبز البلدي المصري.

٥٠٠ جرام كبدة بتلو
٢٥٠ جرام بصل
٤ ملاعق طعام زيت ذرة
نصف ملعقة طعام زبدة
٢ فص ثوم مقطع قطع صغيرة
٢ حبة فلفل أخضر حار مقطع حلقات
(نصف جرام تقريبًا)
ربع ملعقة صغيرة ملح
ربع ملعقة صغيرة فلفل أسود
عصارة نصف ليمونة

_____

رغم أن هذا الطبق أصله من مدينة الاسكندرية إلا أنه معروف في جميع أنحاء مصر.

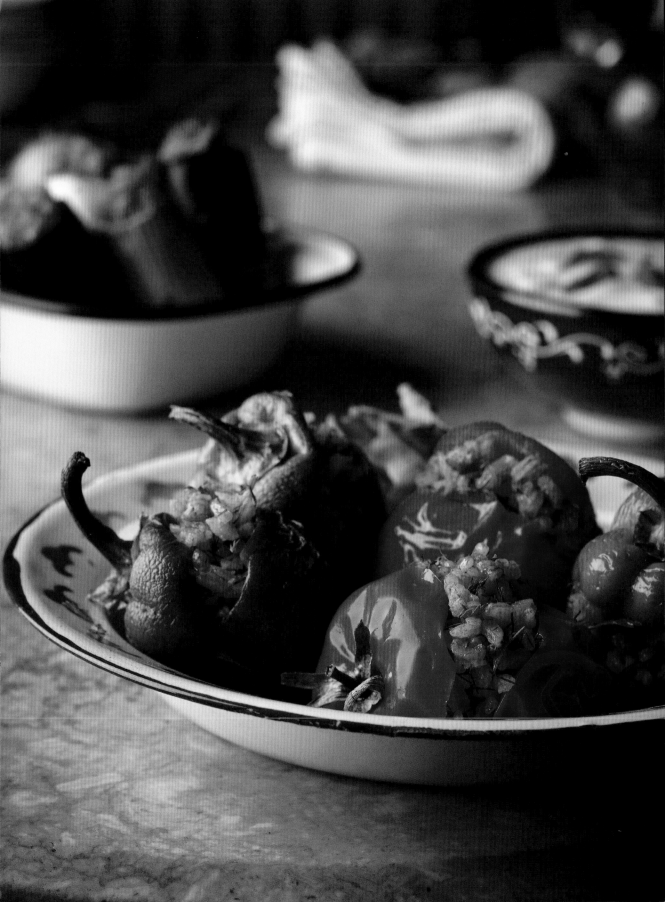

المحشي

تكفي من:
٢ إلى ٤ أشخاص

مدة التحضير: ساعة و١٥ دقيقة

٥٠٠ جرام لحم مفروم أو بتلو
٢ ملعقة طعام بصل مفروم
٤ فصوص ثوم مفرومة
١ ملعقة صغيرة ملح
ربع ملعقة صغيرة بودرة شطة
١ ملعقة صغيرة فلفل أبيض
٢٢٥ جرام (١ كوب) أرز
٢ حزمة شبت (٥٠ جرام تقريبًا)
١ حزمة بقدونس (٥٠ جرام تقريبًا)
٢ حزمة كزبرة (١٠٠ جرام تقريبًا)
٢ حزمة نعناع (١٠٠ جرام تقريبًا)
٢ ملعقة طعام زيت زيتون
٣ حبات طماطم (٦٠٠ جرام تقريبًا)
١ حبة جزر مقطعة دوائر
١ ملعقة طعام معجون طماطم
٥ حبات متوسطة كوسة (٢٥٠ جرام تقريبًا)
٦ حبات كبيرة فلفل حلو (٢٥٠ جرام تقريبًا)
٤ حبات طماطم (٢٥٠ جرام تقريبًا)
٥ حبات متوسطة باذنجان أسود (٢٥٠ جرام تقريبًا)
٥ حبات متوسطة باذنجان أبيض (٢٥٠ جرام تقريبًا)
١ مكعب مرقة خضار أو لحم
١ ملعقة طعام معجون طماطم
نعناع مفروم طازج أو ناشف

الحشو:

١. يوضع اللحم المفروم في وعاء ويضاف البصل والثوم المفروم والملح وبودرة الشطة والفلفل الأبيض.
٢. يغسل الأرز جيدًا ويصفى من الماء ويضاف إلى الوعاء.
٣. يفرم الشبت والبقدونس والكزبرة والنعناع، ويضاف زيت الزيتون والبهار إلى خليط اللحم ويخلط جيدًا.
٤. تقشر ٣ حبات طماطم وتقطع. وتخلط الطماطم مع حلقات الجزر ومعجون الطماطم.

تحضير الخضروات:

٥. يفرغ الباذنجان والكوسة والفلفل والطماطم من الداخل (مع إزالة جميع البذور).
٦. تحشى جميع الخضروات بالخليط مع مراعاة ترك مساحات للتمدد أثناء الطبخ.
٧. تقطع سيقان النعناع بسكين حاد قطع صغيرة، وتوزع في قاع وعاء الطبخ ويوضع المحشي فوقها في طبقات، مع مراعاة ترك مساحة لتمدد الخضروات قليلًا أثناء الطبخ.
٨. يتم إذابة مكعبات مرقة الخضار أو اللحم في ٢ كوب ماء.
٩. تضاف المرقة ومعجون الطماطم إلى وعاء الطبخ.
١٠. عند وصول السوائل إلى الغليان يغطى الوعاء ويطبخ فوق درجة حرارة متوسطة لمدة ٣٠ دقيقة.
١١. يرش زيت الزيتون للتجميل.
١٢. ينقل المحشي إلى طبق التقديم.
١٣. يقدم دافئًا ويجمل بالنعناع المفروم أو النعناع الناشف.

الأطباق الرئيسية

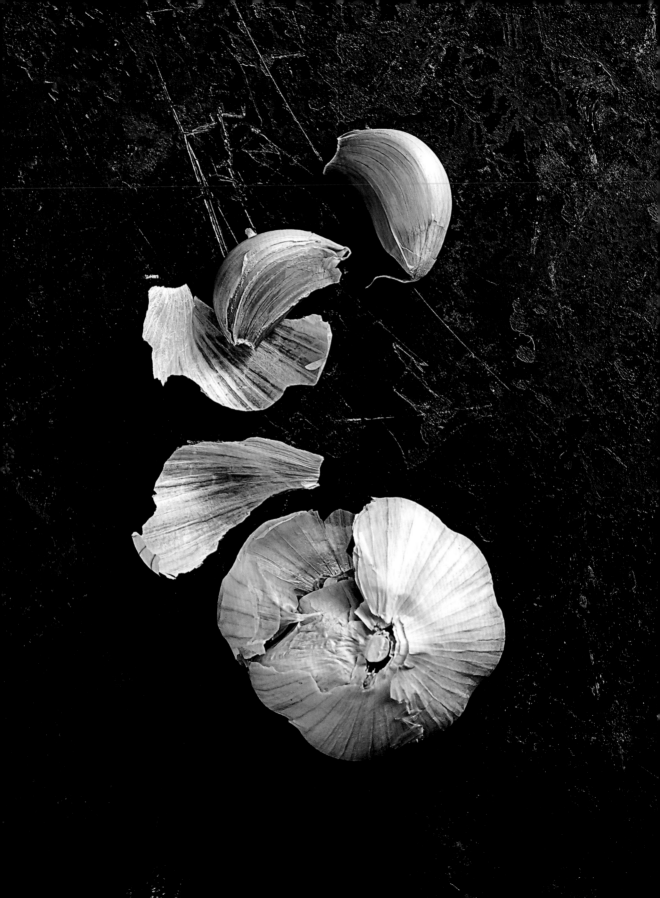

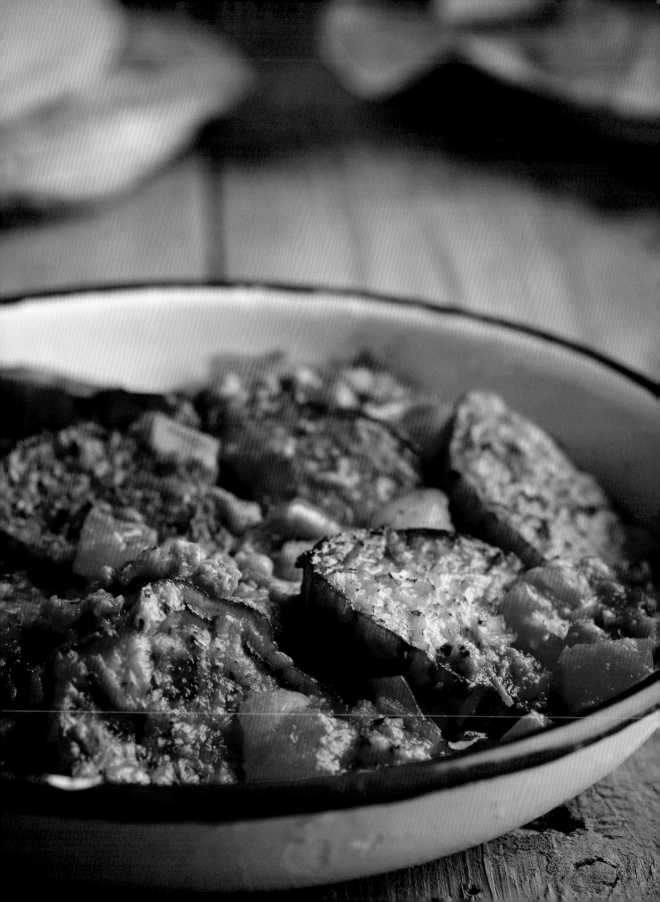

المسقعة

(الباذنجان مع اللحم المفروم)

مدة التحضير: ٣٠ دقيقة | تكفي من :
| ٢ إلى ٤ أشخاص

تحضير الباذنجان:

١. يسخن الفرن على درجة حرارة ١٨٠ درجة مئوية.

٢. يغسل الباذنجان و يقطع على شكل حلقات.

٣. يسخن زيت الذرة في إناء طهي، ويقلى الباذنجان والفلفل الأحمر على درجة حرارة متوسطة حتى يتحول الباذنجان إلى اللون البني الذهبي.

٤. ترفع حلقات الباذنجان ويجفف من الزيت بورق المطبخ.

تحضير اللحم:

٥. في إناء طهي يسخن نفس الزيت الذي تم قلي الباذنجان فيه على درجة حرارة متوسطة، ويحمر فيه البصل المفروم وورق اللوري والثوم حتى يتحول إلى اللون الأصفر.

٦. يضاف اللحم والملح والفلفل ويقلب لمدة ١٥ دقيقة حتى يتحول إلى اللون البني.

٧. يضاف معجون الطماطم وربع كوب ماء مع استمرار التقليب حتى يمتزج الخليط جيدًا.

٨. يزال ورق اللوري من اللحم.

٩. في طاجن، توضع طبقة من اللحم ثم طبقة من الباذنجان المقلي والفلفل الحار، ثم توضع طبقة أخرى من اللحم والباذنجان والفلفل الحار.

١٠. يزين الباذنجان بطبقة من حلقات الطماطم والفلفل الأخضر وتضاف صلصة اللحم على السطح.

١١. يسخن في الفرن لمدة عشر دقائق قبل التقديم.

تقدم في درجة حرارة الغرفة مع الخبز البلدي المصري.

---

٢ حبة كبيرة باذنجان (٥٠٠ جرام تقريبًا)

٢٥٠ مليليتر (١ كوب) زيت ذرة

٢ حبة فلفل أحمر حار (١٠٠ جرام تقريبًا)

٢ حبة كبيرة بصل (٢٥٠ جرام تقريبًا)

٥ فصوص ثوم مفرومة

٢٥٠ جرام لحم مفروم (ضاني أو بتلو)

١ معلقة صغيرة ملح

ربع معلقة صغيرة فلفل أبيض

٢ معلقة طعام معجون طماطم

حلقات طماطم وفلفل أخضر للتزيين

٢ ورق لوري

نوع الباذنجان المستخدم يسمى بالباذنجان الرومي في مصر، وذلك نسبة لأصله التركي.

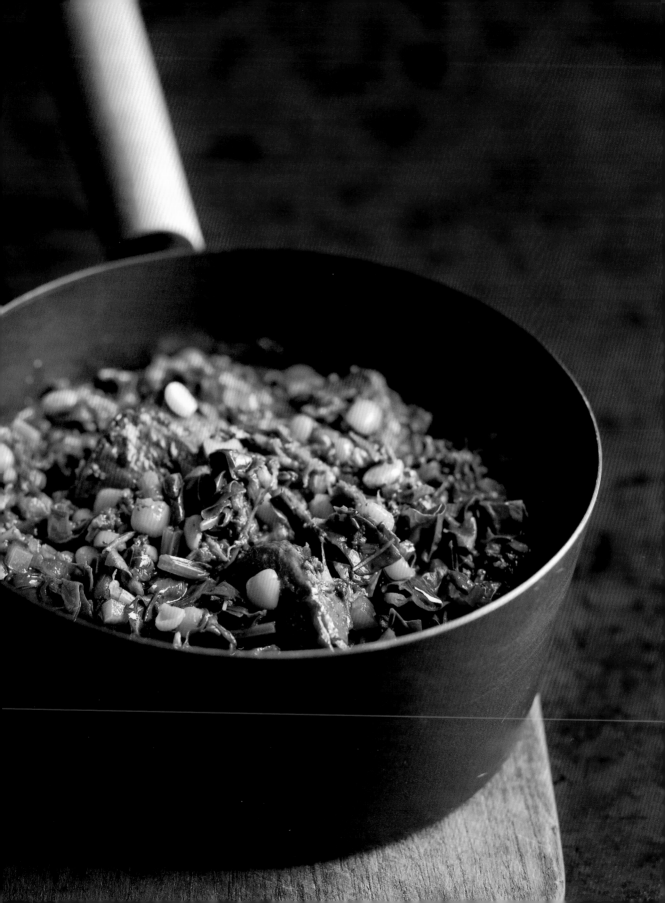

طاجن السبانخ مع اللحم البتلو

تكفي من :
٢ إلى ٤ أشخاص

مدة التحضير: ٤٠ دقيقة

٢ ملعقة طعام حمص معلب
٨٠٠ جرام لحم بتلو
١ ساق كرفس
١ حبة جزر (٧٥ جرام تقريبًا)
٣ حبات حبهان
ربع ملعقة صغيرة فلفل أبيض
ربع ملعقة صغيرة ملح
١ مكعب مرقة لحم
٢ ملعقة طعام زيت ذرة
٢ حبة متوسطة بصل (٢٥٠ جرام تقريبًا)
١ كيلو سبانخ طازجة
١ حبة كبيرة طماطم (٢٠٠ جرام تقريبًا)
١ ملعقة طعام زبدة
٤ فصوص ثوم مفرومة
١ ملعقة صغيرة كزبرة مفرومة

١. يسخن الفرن على درجة ١٠٠ مئوية.
٢. يسلق الحمص لمدة ٢٠ دقيقة.
٣. يصفى الحمص من الماء ويوضع جانبًا ليستخدم في ما بعد للتجميل.

تحضير اللحم:

٤. يوضع اللحم مع الكرفس والجزر والحبهان والفلفل الأبيض والملح ليسلق في ٢ ونصف كوب ماء على درجة حرارة منخفضة لمدة ٣٠ دقيقة. لمذاق أفضل تضاف مرقة اللحم.
٥. يرفع اللحم ويوضع جانبًا مع الحفاظ على مرقة اللحم لتحضير السبانخ.

تحضير السبانخ:

٦. يسخن زيت الذرة على درجة حرارة متوسطة.
٧. يضاف البصل المفروم ويحمر حتى يتحول إلى اللون البني.
٨. تقطع السبانخ قطعًا كبيرة وتضاف إلى الإناء.
٩. تضاف مرقة اللحم وتطبخ على درجة حرارة متوسط مع التقليب.
١٠. تضاف ٤/٣ كمية الحمص إلى الخليط.
١١. تقشر الطماطم وتقطع وتضاف إلى السبانخ.

تحضير الطشة:

١٢. في إناء آخر يحمر الثوم المفروم في الزبدة وملعقة صغيرة من زيت الذرة، ويقلب حتى يتحول إلى اللون البني. تضاف ملعقة صغيرة كزبرة وتقلب. عند إضافتها إلى السبانخ في النهاية نسمع صوت الطشة "تشش".
١٣. توضع السبانخ في طاجن، ويضاف إليها اللحم على السطح وتجمل بباقي كمية الحمص.
١٤. تسخن في الفرن لمدة ٥ دقائق قبل التقديم. تقدم مع الأرز الأبيض.

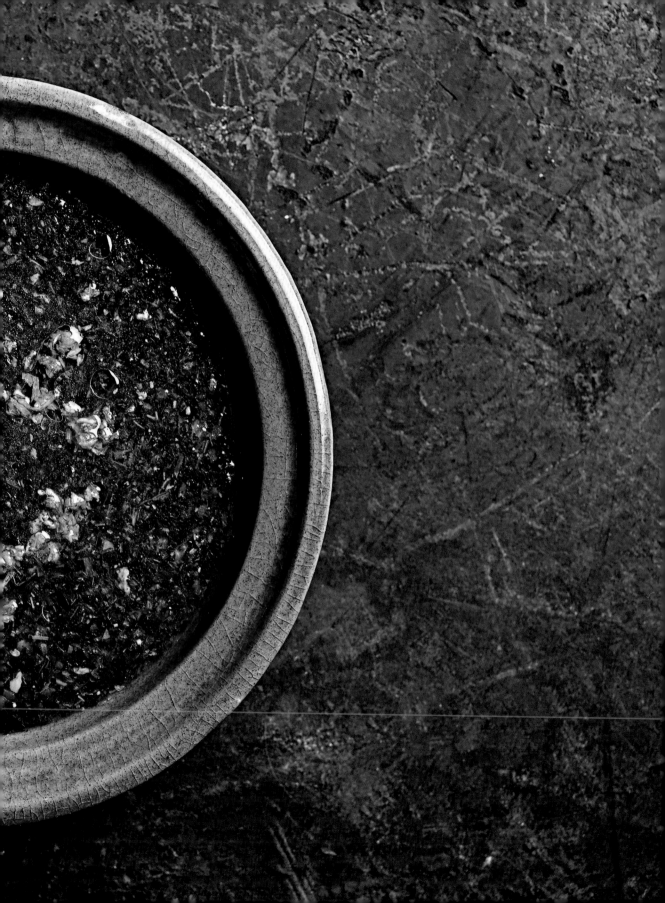

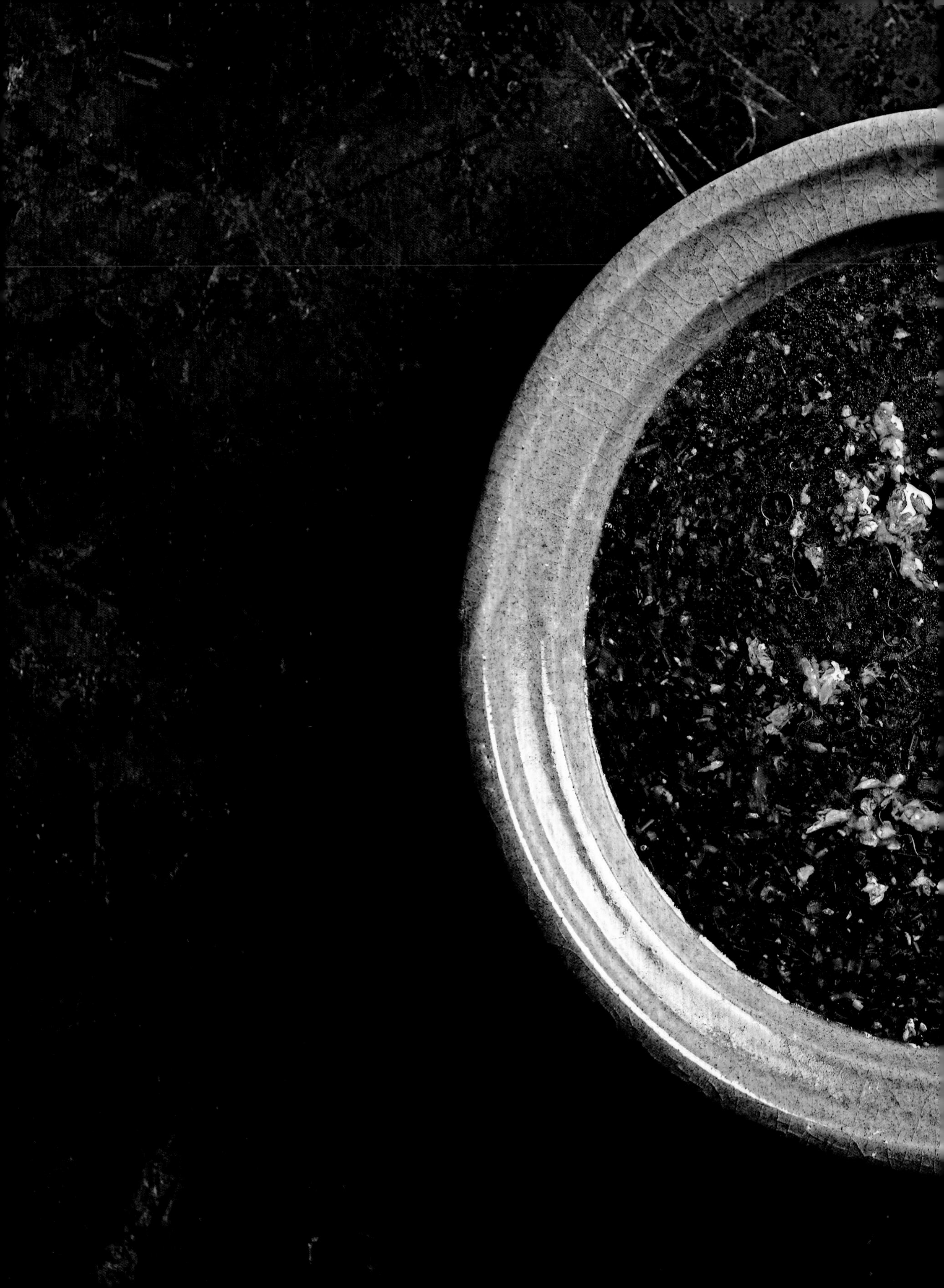

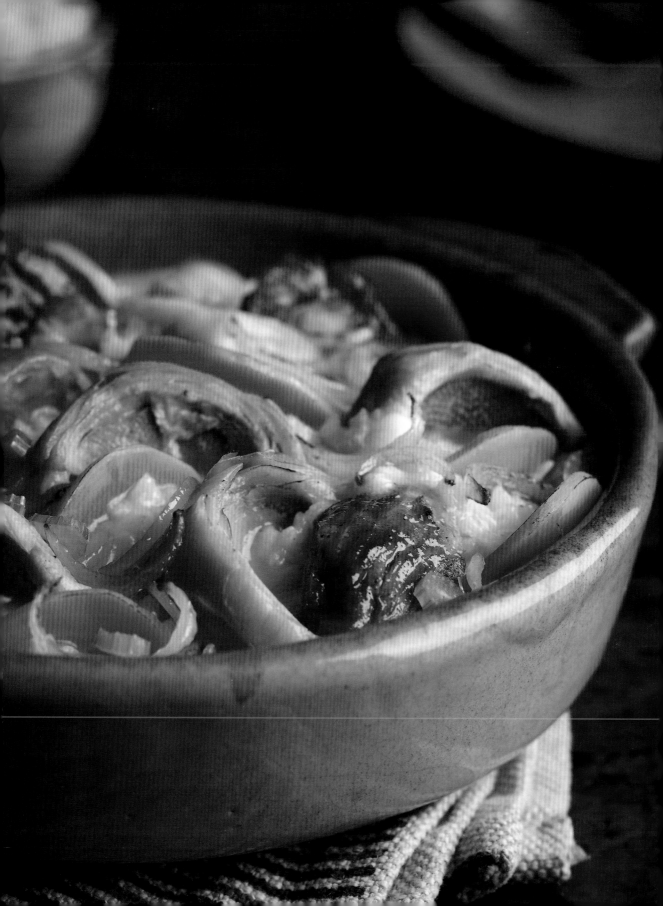

طاجن الخرشوف واللحم البتلو

تكفي من : ٢ إلى ٤ أشخاص | مدة التحضير: ٤٥ دقيقة

يسخن الفرن على درجة حرارة ١٦٠ درجة مئوية

تحضير اللحم:

١. يقطع اللحم إلى مكعبات حجمها ٤ سم * ٤ سم.
٢. يسلق اللحم مع الكرفس وا حبة ونصف جزر والحبهان والفلفل الأبيض والملح لمدة ٣٠ دقيقة. لإضافة المزيد من المذاق تضاف مكعبات مرقة اللحم.
٣. يصفى اللحم جيدًا ويترك جانبًا، ونحتفظ ببعض من مرقة اللحم لاستخدامها لاحقًا مع الخرشوف.

تحضير الخرشوف:

٤. يقطع الخرشوف إلى نصفين.
٥. يقطع البصل إلى حلقات رفيعة.
٦. يقطع الجزر إلى حلقات.
٧. يسخن الزيت والزبد في إناء طهي، ويضاف البصل والجزر المتبقي ويقلب حتى ينضج.
٨. يضاف الدقيق ببطء ويقلب باستمرار لتجنب وجود كتل.
٩. تضاف مرقة اللحم وورق اللوري وتسلق لمدة ٥ دقائق.
١٠. يضاف الخرشوف وعصارة الليمون ويقلب لمدة ٥ دقائق.
١١. يوضع اللحم والخرشوف في الطاجن. يسخن في الفرن لمدة ٥ دقائق قبل التقديم.

يقدم مع الأرز الأبيض.

٥٠٠ جرام لحم بتلو
١ حزمة كرفس
٣ حبات متوسطة جزر (٥٠٠ جرام تقريبًا)
٣ حبات حبهان
ربع ملعقة صغيرة فلفل أبيض
ربع ملعقة صغيرة ملح
١٢ حبة من قلوب الخرشوف (٨٠٠ جرام تقريبًا)
٢ حبة كبيرة بصل (٢٥٠ جرام تقريبًا)
١ ملعقة طعام دقيق
٢ مكعب مرقة لحم
٢ ورق لوري
١ ملعقة طعام زيت ذرة
١ ملعقة طعام زبدة
٢ حبة ليمون (١٠٠ جرام تقريبًا) في حالة استخدام الخرشوف المعلب، أما في حالة الخرشوف الطازج تستخدم ٤ حبات ليمون بدلًا من ٢ فقط.

يطبخ هذا الطبق المصري المميز مع الصلصة البيضاء، رغم أنها غير معتادة في المطبخ المصري.
في حالة استخدام الخرشوف الطازج نستخدم ٢ كيلو بدلًا من ١٢ قلب خرشوف معلب. وتعصر ٤ حبات ليمون على الخرشوف الطازج للحفاظ على اللون.

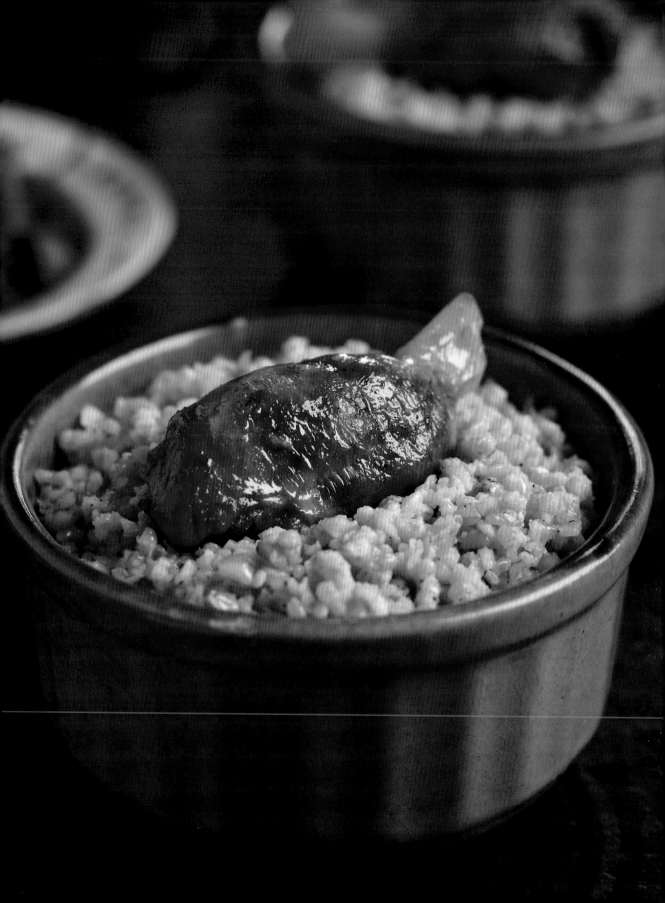

طاجن اللحم البتلو مع الفريك

تكفي من :
٢ إلى ٤ أشخاص

مدة التحضير: ٦٠ دقيقة

١. يسخن الفرن على درجة ١٦٠ درجة مئوية.

٢. يغسل الفريك جيدًا وينقع في الماء لمدة ٣٠ دقيقة.

تحضير اللحم:

٣. يقطع اللحم إلى مكعبات حجمها ٤ سم × ٤ سم.

٤. يسلق اللحم مع الكرفس والحبهان والفلفل الأبيض والملح لمدة ٣٠ دقيقة، ولإعطائه مذاق إضافي يمكن وضع مكعب من مرقة اللحم.

٥. يصفى اللحم في مصفاة ويترك جانبًا، ونحتفظ بمرقة اللحم لتستخدم لاحقًا مع الفريك.

٦. يسخن زيت الذرة في إناء طهي، ويحمر اللحم على درجة حرارة منخفضة.

تحضير الفريك:

٧. يسخن الزيت والزبدة في إناء طهي عميق.

٨. يضاف البصل ويقلب حتى يتحول إلى اللون الذهبي البني.

٩. يضاف الفريك مع ٣ مكعبات مرقة لحم والملح والفلفل الأبيض، ويقلب لمدة ١٥ دقيقة على درجة حرارة منخفضة حتى يتشرب العصارة.

١٠. يتم وضع طبقة من الفريك في الطاجن، ثم طبقة من اللحم، ثم طبقة أخرى من الفريك. يسخن في الفرن لمدة ٥ دقائق قبل التقديم.

---

٥٠٠ جرام لحم بتلو خال العظام

١ حزمة كرفس مفرومة

٣ حبات حبهان

نصف ملعقة صغيرة فلفل أبيض

نصف ملعقة صغيرة ملح

١ مكعب مرقة لحم

١ ملعقة طعام زيت ذرة

٢ ملعقة طعام زبدة

٢ حبة كبيرة بصل مقطعة مكعبات صغيرة (٢٥٠ جرام تقريبًا)

٥٠٠ جرام فريك أخضر ناشف

الفريك هو طبق مصري ولكنه غير مألوف خارج الشرق الأوسط. يتكون من القمح الأخضر، وهو البذور التي تحصد وهي لينة ثم تجفف في الشمس.

من الممكن استخدام الأرز أو الشعيرية بدلاً من الفريك، ولكن قوامه المقرمش يضيف مذاقًا مميزًا إلى الطبق.

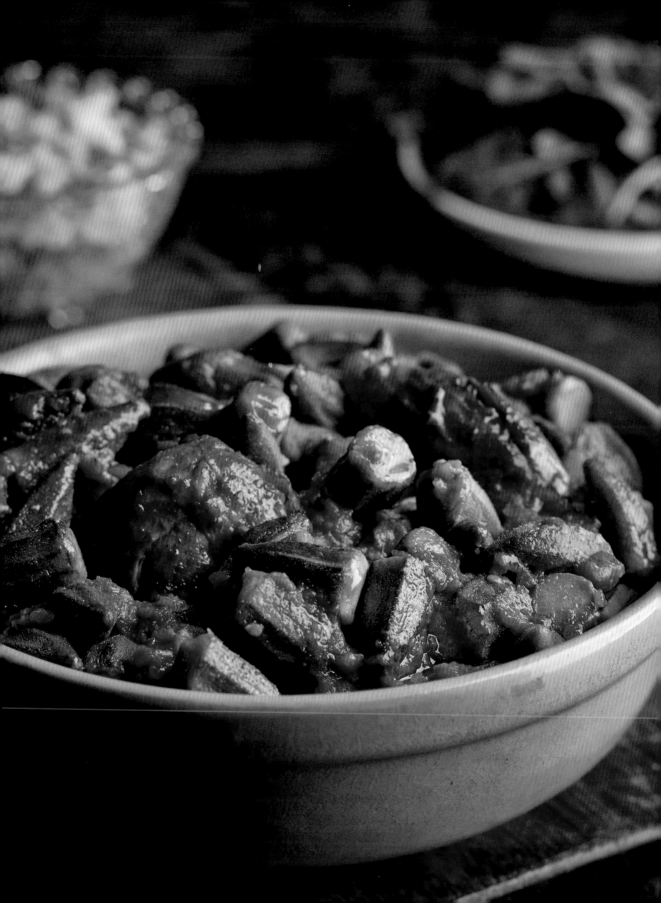

طاجن البامية مع اللحم البتلو

تكفي من : ٢ إلى ٤ أشخاص

مدة التحضير: ٤٠ دقيقة

٨٠٠ جرام لحم بتلو خالٍ من العظام
٢ ملعقة طعام دقيق
١٨٥ مليليتر (ثلاث أرباع كوب) زيت ذرة
١ ملعقة صغيرة ملح
١ ملعقة فلفل صغيرة أبيض
١ مكعب مرقة لحم
٢ حبة متوسطة بصل (٢٥٠ جرام تقريبًا)
١ حبة طماطم
٢ ملعقة طعام معجون طماطم
١ حبة جزر (٧٥ جرام تقريبًا)
١ كيلو بامية
٣ حبات حبهان
٤ فصوص ثوم مفرومة
١ ملعقة طعام كزبرة مفرومة

١. يسخن الفرن على درجة حرارة ١٠٠ درجة مئوية.

تحضير اللحم:

٢. يغمس اللحم في الدقيق ثم يحمر في الزيت حتى يتحول إلى اللون الذهبي الغامق.
٣. تغلى ٤ أكواب ماء في وعاء طهي ثم يضاف اللحم البتلو المحمر ويسلق لمدة ٣٠ دقيقة.
٤. تضاف نصف ملعقة صغيرة ملح ونصف ملعقة صغيرة فلفل ولإضافة المزيد من المذاق يضاف مكعب مرقة لحم.
٥. يصفى اللحم في مصفاة ويترك جانبًا.

تحضير البامية:

٦. يفرم البصل ويحمر في إناء الطهي في زيت الذرة ويقلب حتى يصل إلى اللون الذهبي البني.
٧. تقشر الطماطم وتفرم مع الجزر، وتضاف إلى إناء الطهي.
٨. يضاف معجون الطماطم والحبهان ونصف ملعقة صغيرة ملح مع ملعقة صغيرة فلفل إلى إناء الطهي.
٩. تضاف البامية وتسلق حتى تنضج.
١٠. في إناء آخر، يحمر الثوم المفروم مع زيت الذرة ويقلب حتى يتحول إلى اللون البني الذهبي. ثم تضاف أوراق الكزبرة المفرومة وتقلب حتى تخلط مع الثوم.
١١. يضاف الخليط إلى البامية وسوف تسمع صوت الطشة "تشش".
١٢. توضع البامية في الطاجن ويضاف فوقها اللحم ويسخن الطاجن في الفرن لمدة عشر دقائق.

يقدم مع الأرز الأبيض.

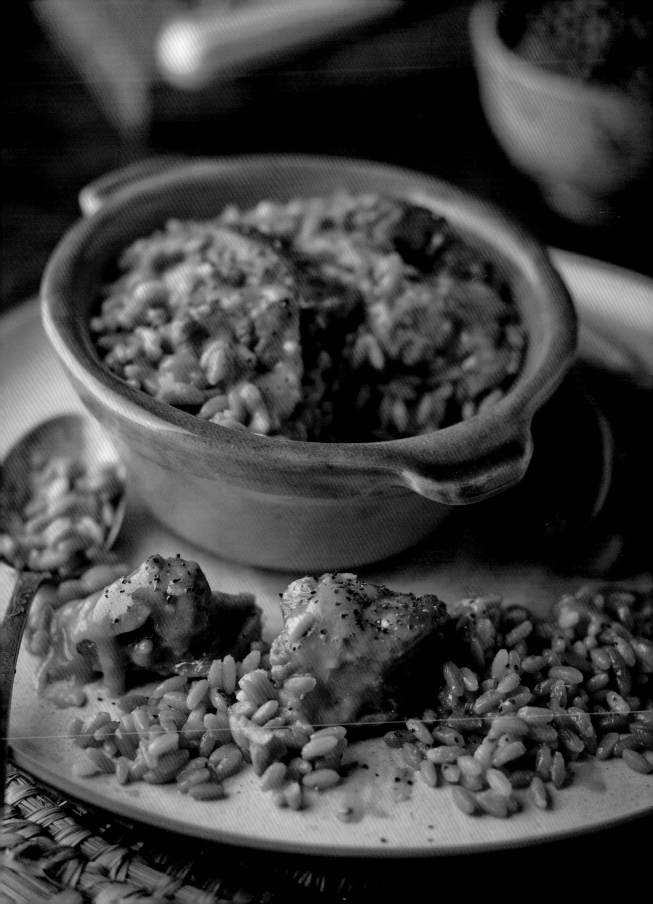

طاجن اللحم البتلو مع لسان العصفور

تكفي من :
٢ إلى ٤ أشخاص

مدة التحضير: ساعة و٢٠ دقيقة

٨٠٠ جرام لحم بتلو خالٍ من العظام
٢ ملعقة طعام دقيق
١٨٠ مليليتر (ثلاث أرباع كوب) زيت ذرة
١ ونصف ملعقة صغيرة ملح
١ وربع ملعقة صغيرة فلفل أبيض
٢ مكعب مرقة لحم
٥٠٠ جرام (٢ كوب) مكرونة لسان عصفور
ربع ملعقة صغيرة قرفة مطحونة
١حبة كبيرة بصل (١٠٠ جرام تقريبًا)
٣ حبات حبهان
١ حزمة كرفس
١ حبة جزر (٧٥ جرام تقريبًا) مفرومة
١ حبة طماطم مقشرة ومقطعة قطع صغيرة

الاسم العربي للمكرونة المستخدمة في هذا الطبق هو "لسان العصفور،" وذلك بسبب شكلها الذي يشبه لسان الطائر.

١. يسخن الفرن على ١٠٠ درجة مئوية.

تحضير اللحم:

٢. يغمس اللحم في الدقيق.
٣. يحمر في الزيت حتى يتحول إلى اللون البني الذهبي الغامق.
٤. تغلى ٤ أكواب ماء في وعاء طهي ويسلق اللحم بها لمدة ٣٠ دقيقة.
٥. تضاف ملعقة صغيرة ملح وملعقة صغيرة فلفل أبيض، ولإضافة المزيد من المذاق تضاف مرقة اللحم.
٦. يضاف اللحم ويترك جانبًا.

تحضير لسان العصفور:

٧. يحمر لسان العصفور في الزيت، وتضاف إليه نصف ملعقة صغيرة ملح وربع ملعقة صغيرة فلفل أبيض وقرفة.
٨. يرفع لسان العصفور من الزيت بملعقة مفرغة كبيرة ويصفى من الزيت.
٩. يطبخ لسان العصفور في ٢ كوب ماء مع مكعبين مرقة لحم لمدة ٢٠ دقيقة.

تحضير صوص اللحم البني:

١٠. في إناء منفصل، يحمر البصل المفروم في الزيت ويقلب حتى يتحول إلى اللون البني الغامق.
١١. تضاف حبات الحبهان، والكرفس المقطع، والجزر المفروم، والطماطم المقشرة المقطعة، والملح، والفلفل، و٢ ونصف كوب ماء، ويقلب. ثم يضاف الدقيق ويقلب حتى الحصول على درجة الكثافة المطلوبة للصوص. يغطى ويطبخ لمدة ١٥ دقيقة.
١٢. يوضع لسان العصفور في الطاجن، ويضاف اللحم على السطح ويفرد عليه الصوص البني. يسخن لمدة ١٠ دقائق ويقدم.

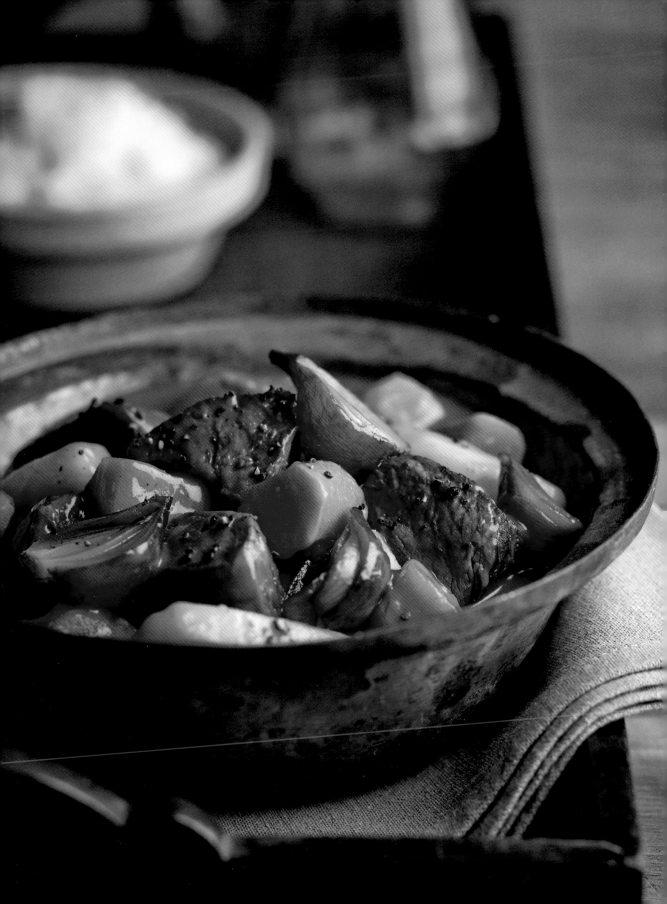

طاجن اللحم البتلو مع البصل الأبيض

تكفي من :
٢ إلى ٤ أشخاص

مدة التحضير: ٤٠ دقيقة

٨٠٠ جرام لحم بتلو خالٍ من العظام
١٨٠ مليليتر (ثلاث أرباع كوب) زيت ذرة
١ ملعقة صغيرة ملح
١ ملعقة صغيرة فلفل أبيض
١ مكعب مرقة لحم
١ حبة كبيرة بصل (١٠٠ جرام تقريبًا)
٣ حبات حبهان
١ حزمة كرفس مفرومة
٤ حبات جزر (٥٠٠ جرام تقريبًا): ١ حبة ونصف للصوص و٣ حبات مقطعة للطبخ
١ حبة طماطم مقشرة ومقطعة قطع صغيرة (٢٠٠ جرام تقريبًا)
٢ ملعقة طعام دقيق
١٢ حبة بصل أبيض (٢٥٠ جرام تقريبًا)
٣ حبات بطاطس متوسطة الحجم (٥٠٠ جرام تقريبًا)
١ لتر مرقة لحم أو ٤ مكعبات مرقة لحم
ربع ملعقة صغيرة قرفة مطحونة

البصل الأبيض له طعم سكري أكثر من أنواع البصل الأخرى ويستخدم في العديد من المطابخ.

١. يسخن الفرن على ١٠٠ درجة مئوية.

تحضير اللحم:

٢. يغمس اللحم في الدقيق ويحمر في الزيت حتى يتحول إلى اللون البني الذهبي الغامق.
٣. تغلى ٤ أكواب ماء في وعاء طهي ويسلق بها اللحم لمدة ٣٠ دقيقة، وتضاف نصف ملعقة صغيرة ملح ونصف ملعقة صغيرة فلفل أبيض. ولإضافة المزيد من المذاق يضاف مكعب مرقة اللحم.
٤. يصفى اللحم بمصفاة ويترك جانبًا.

تحضير صوص اللحم البني:

٥. في الإناء الذي تم تحمير اللحم فيه، يحمر البصل المفروم في نفس الزيت ويقلب حتى يتحول إلى اللون البني الغامق.
٦. تضاف حبات الحبهان، والكرفس المقطع، ونصف ملعقة صغيرة ملح، ونصف ملعقة صغيرة فلفل أبيض، والجزر المفروم، والطماطم، ومرقة اللحم، و القرفة، مع ١ ونصف كوب ماء، وتقلب جميع المكونات.
٧. يضاف الدقيق إلى الخليط السابق للحصول على الكثافة المرغوبة.
٨. يقشر البصل ويغسل جيدًا بالماء ويسلق في وعاء طهي عميق لمدة ١٥ دقيقة حتى يطبخ.
٩. تقشر حبات الجزر الثلاث الباقية وتقطع مع البطاطس على شكل مكعبات صغيرة. في وعاء عميق منفصل، يسلق الجزر والبطاطس لمدة ١٠ دقائق.
١٠. يصفى البصل والجزر والبطاطس من الماء باستخدام المصفاة.
١١. يضاف البصل، والجزر، والبطاطس، واللحم إلى الصوص البني وتقلب المكونات لمدة ٥ دقائق على درجة حرارة منخفضة.
١٢. ينقلوا إلى الطاجن ويسخن في الغرن لمدة ٥ دقائق قبل التقديم.

يقدم مع الأرز الأبيض.

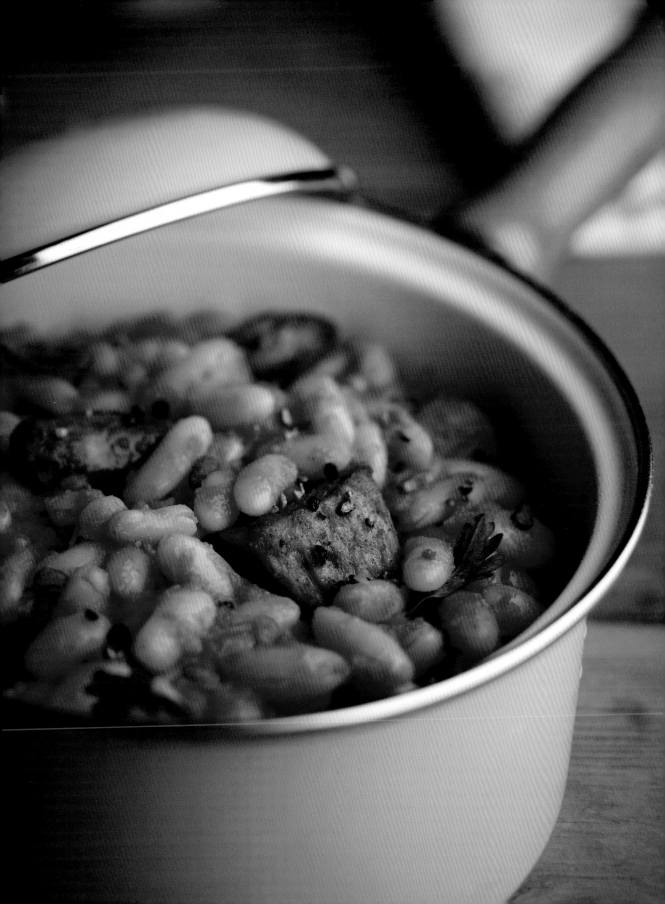

طاجن الفاصوليا البيضاء على طريقة أبو السيد

تكفي من : ٢ إلى ٤ أشخاص | مدة التحضير: ٤٥ دقيقة

- ٥٠٠ جرام لحم بتلو مقطع مكعبات ٤ سم * ٤ سم
- ٢٥٠ جرام سجق
- ١ ساق كرفس مفروم
- ٢ حبة حبهان
- نصف ملعقة صغيرة فلفل أبيض
- ١ ملعقة صغيرة ملح
- ٢ حبة كبيرة بصل (٢٥٠ جرام تقريبًا)
- ١ مكعب مرقة لحم
- ٥ حبات متوسطة طماطم مقشرة ومفرومة (٥٠٠ جرام تقريبًا)
- ٤ حبات جزر مفرومة (٥٠٠ جرام تقريبًا)
- ٢ ملعقة طعام دقيق
- ٥٠٠ جرام لوبيا بيضاء
- ٢ ملعقة طعام زيت ذرة
- ٥ فصوص ثوم مفروم (١٠٠ جرام تقريبًا)

وصفة أبو السيد لهذا الطاجن وصفة مميزة، حيث أنه يستخدم نوعين من اللحم، البتلو والسجق، وعندما تقدم مع الأرز تعتبر وجبة غذائية كاملة وليست طبق جانبي.

١. يسخن الفرن على درجة حرارة ١٨٠ مئوية.

تحضير اللحم:

٢. في إناء طهي، يسلق اللحم (مكعبات اللحم والسجق)، والكرفس، والحبهان، والفلفل الأبيض، والملح لمدة ٣٠ دقيقة.

٣. تقطع ١ حبة بصل شرائح بالطول وتضاف إلى الإناء. لمزيد من المذاق يضاف مكعب مرقة لحم.

٤. يصفى اللحم بمصفاة ويترك جانبًا، وتحفظ مرقة اللحم لتستخدم في الصوص الأحمر لاحقًا.

تحضير اللوبيا البيضاء:

٥. تسلق اللوبيا في ٤ أكواب ماء لمدة ٢٥ دقيقة.

٦. تصفى اللوبيا البيضاء بمصفاة، وتترك جانبًا لتستخدم في الصوص الأحمر.

تحضير الصوص الأحمر:

٧. يفرم باقي البصل ويحمر في إناء طهي مع زيت الذرة والثوم المفروم، ويقلب حتى يتحول إلى اللون البني.

٨. تضاف الطماطم والجزر إلى إناء الطهي.

٩. يضاف الحبهان والملح والفلفل.

١٠. يطبخ لمدة ١٥ دقيقة ويضاف الدقيق ليصل الصوص إلى الكثافة المرغوبة.

١١. تضاف اللوبيا البيضاء إلى الصوص الأحمر وتقلب حتى تنضج لمدة ١٥ دقيقة.

١٢. يضاف اللحم المطبوخ في النهاية وتخلط جميع المكونات.

١٣. ينقل إلى الطاجن ويسخن في الفرن لمدة ١٠ دقائق.

يقدم مع الأرز الأبيض.

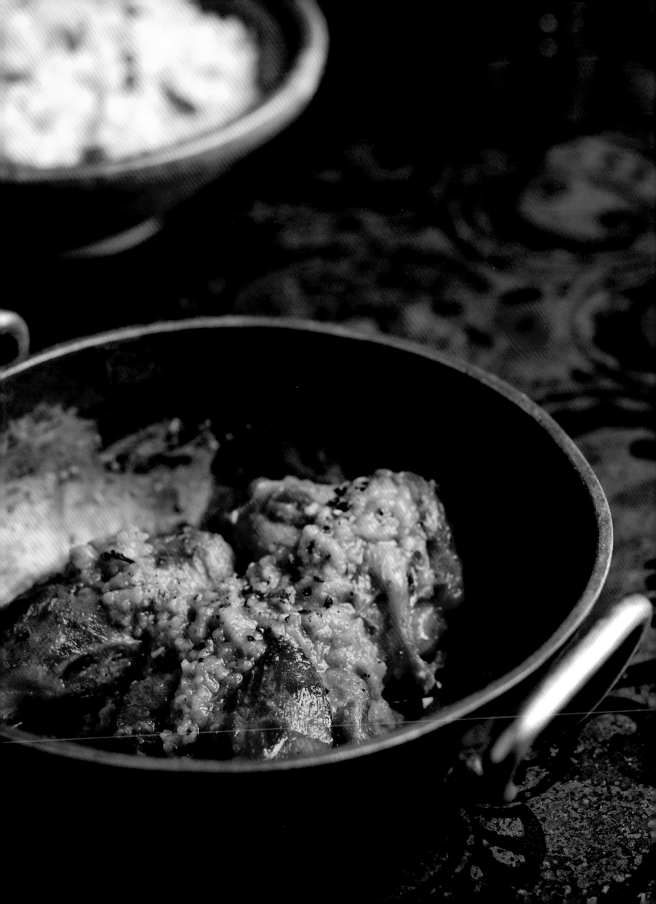

لحم بتلو مشوي على طريقة أبو السيد

تكفي من :
٢ إلى ٤ أشخاص

مدة التحضير: ٦٠ دقيقة

١. يسخن الفرن لدرجة حرارة ١٨٠ مئوية.

تحضير اللحم:

٢. يقطع اللحم البتلو إلى مكعبات ٤ سم × ٤ سم.

٣. يرش القليل من الزيت على صفيحة الخبز.

٤. يوضع اللحم، والطماطم، والجزر، والثوم، والكرفس، وورق اللوري، وحبات الحبهان، والفلفل الأسود، والملح فوق الصفيحة. لمزيد من المذاق تضاف البهارات المختلفة.

٥. تطبخ في الفرن لمدة ٣٠ دقيقة.

٦. عند الانتهاء، يفصل اللحم عن الخضار.

٧. تخلط الخضروات في الخلاط وتصفى جيدًا للتخلص من رواسب الخضروات.

٨. تسخن العصارة في إناء طهي عميق على درجة حرارة متوسطة ثم يضاف اللحم ونصف كمية الزعفران.

تحضير الأرز:

٩. يغسل الأرز جيدًا.

١٠. تسخن ٤ ملاعق طعام زيت في إناء طهي عميق.

١١. يضاف البصل المفروم، ويقلب حتى يتحول إلى اللون الذهبي الفاتح.

١٢. يضاف الأرز وبقية الزعفران ويقلب.

١٣. يضاف ١ ونصف كوب ماء، ويقلب الخليط فوق درجة حرارة منخفضة لمدة ١٥ دقيقة.

يقدم اللحم مع الأرز.

---

٥٠٠ جرام لحم بتلو خال من العظام
٢٥٠ ملليتر (١ كوب) زيت ذرة
٢ حبة متوسطة طماطم مقطعة قطعًا صغيرة (٢٥٠ جرام تقريبًا)
٣ حبات جزر مقطعة قطعًا صغيرة (٢٥٠ جرام تقريبًا)
٤ فصوص ثوم، مقطعة قطعًا صغيرة أو مفرومة
١ حزمة كرفس مفرومة
٢ ورقة لوري
٦ حبات حبهان
نصف ملعقة صغيرة فلفل أسود
نصف ملعقة صغيرة ملح
١ ملعقة بهارات مختلفة
رشة زعفران أو ٢ ملعقة صغيرة كركم في حالة عدم وجود زعفران
١ حبة متوسطة بصل مفرومة
٥٠٠ جرام (٢ كوب) أرز

هذا الطبق من الأطباق المميزة في أبو السيد. يمكن أن يطبخ مع الكركم في حالة عدم وجود زعفران.

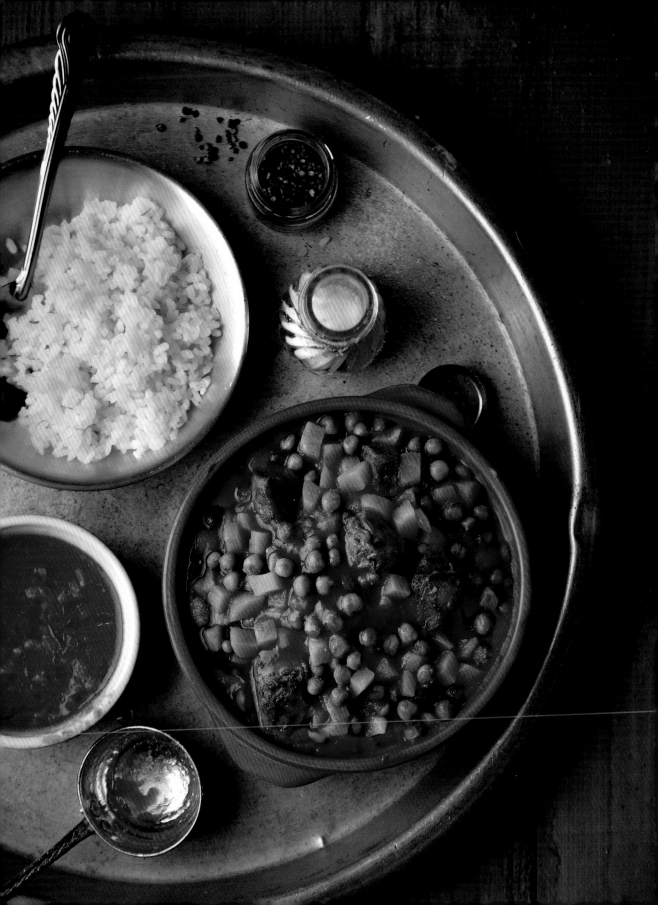

طاجن البازلاء الخضراء

تكفي من :
٢ إلى ٤ أشخاص

مدة التحضير: ٤٥ دقيقة

١. يسخن الفرن على درجة حرارة ١٨٠ درجة مئوية.

تحضير اللحم:

٢. يسلق اللحم مع الكرفس وحبات الحبهان والفلفل الأبيض والملح لمدة ٣٠ دقيقة.

٣. يقطع البصل إلى حلقات دائرية، ويضاف البصل والثوم إلى إناء الطهي. لمزيد من المذاق تضاف مرقة اللحم.

٤. يصفى اللحم بمصفاة ويترك جانبًا. تحفظ مرقة اللحم لتستخدم في الصوص الأحمر.

تحضير الصوص الأحمر:

٥. يفرم باقي البصل ويحمر في إناء طهي في زيت الذرة ويقلب حتى يتحول إلى اللون البني.

٦. تقشر الطماطم وتقطع قطعًا صغيرة وتضاف إلى الإناء. يضاف الملح والفلفل، ويطبخ لمدة ١٥ دقيقة للحصول على الكثافة المرغوبة.

٧. يقطع الجزر قطعًا صغيرة جدًا ويضاف إلى الصوص الأحمر.

٨. تضاف البازلاء الخضراء وتقلب حتى تنضج لمدة ١٥ دقيقة.

٩. يضاف اللحم المسلوق ويقلب.

١٠. ينقل اللحم والبازلاء إلى الطاجن ويسخن في الفرن لمدة ١٠ دقائق.

يقدم مع الأرز الأبيض.

---

٥٠٠ جرام طل لحم بتلو

١ ساق كرفس (١٠٠ جرام تقريبًا)

٢ حبة حبهان

نصف ملعقة صغيرة فلفل أبيض

١ ملعقة صغيرة ملح

٥ فصوص ثوم مقطعة قطعًا صغيرة

٢ حبة كبيرة بصل (٢٥٠ جرام تقريبًا)

١ مكعب مرقة لحم

٢ ملعقة طعام زيت ذرة

٥ حبات متوسطة طماطم (٥٠٠ جرام تقريبًا)

٤ حبات جزر (٥٠٠ جرام تقريبًا)

٥٠٠ جرام بازلاء خضراء طازجة

يعتبر هذا الطبق وجبة كاملة عندما يقدم مع الأرز.

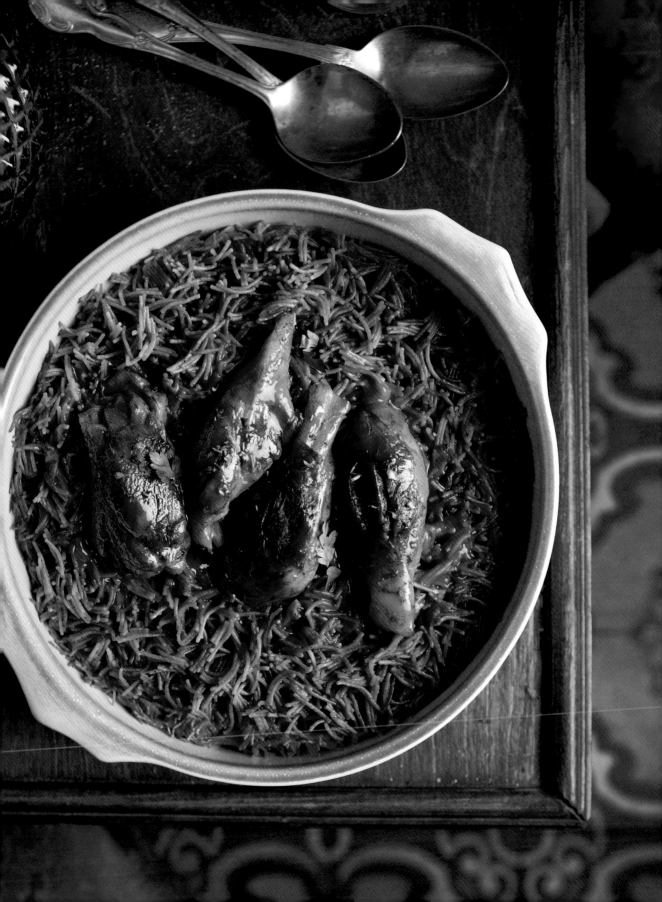

طاجن اللحم البتلو مع الشعيرية

تكفي من : ٢ إلى ٤ أشخاص | مدة التحضير: ٤٠ دقيقة

٨٠٠ جرام لحم بتلو خالٍ من العظام
١٨٠ ملليلتر (ثلاثة أرباع كوب) زيت ذرة
١ ملعقة صغيرة ملح
١ ملعقة صغيرة فلفل أبيض
١ مكعب مرقة لحم
٢٢٥ جرام (١ كوب) شعيرية
ربع ملعقة قرفة مطحونة
٢ حبة متوسطة بصل مفرومة (٢٥٠ جرام تقريبًا)
٣ حبات حبهان
١ حبة جزر مفرومة (٧٥ جرام تقريبًا)
١حبة طماطم مقشرة ومفرومة (٢٠٠ جرام تقريبًا)
٢ ملعقة طعام دقيق

الشعيرية هي نوع من المكرونة حجمه صغير ورفيع جدًا.

١. يسخن الفرن على درجة حرارة ١٠٠ درجة مئوية.

تحضير الشعيرية:

٢. تحمر الشعيرية في الزيت، وتضاف نصف ملعقة صغيرة ملح ونصف ملعقة صغيرة فلفل والقرفة المطحونة. تقلب حتى تتحول إلى اللون الذهبي البني الغامق.
٣. تصفى الشعيرية من الزيت باستخدام مصفاة.

تحضير اللحم البتلو:

٤. يغمس اللحم في الدقيق.
٥. يحمر اللحم في الزيت المتبقي من الشعيرية مع البصل المفروم حتى يتحول إلى اللون الذهبي البني الغامق.
٦. يسخن ٤ أكواب ماء في وعاء طهي حتى الغليان.
٧. يوضع اللحم المحمر في الوعاء مع البصل ويطبخ لمدة ٣٠ دقيقة، وتضاف نصف ملعقة صغيرة ملح، ونصف ملعقة صغيرة فلفل. ولمزيد من المذاق يضاف مكعب مرقة اللحم.
٨. يصفى اللحم بمصفاة ويترك جانبًا.
٩. نحتفظ بكوب من مرقة لحم جانبًا للاستخدام لاحقًا.

تحضير صوص اللحم البني:

١٠. في إناء مختلف، يحمر باقي البصل المفروم في زيت ذرة ويقلب حتى يتحول إلى اللون البني الغامق.
١١. يضاف الحبهان، ونصف ملعقة صغيرة ملح، ونصف ملعقة صغيرة فلفل، والجزر، والطماطم مع كوب المرقة المتبقي من سلق اللحم.
١٢. يضاف الدقيق ويقلب حتى الحصول على درجة الكثافة المرغوبة.
١٣. توضع الشعيرية في طاجن ثم يضاف عليها اللحم ثم الصوص البني. يسخن في الفرن لمدة ١٠ دقائق قبل التقديم.

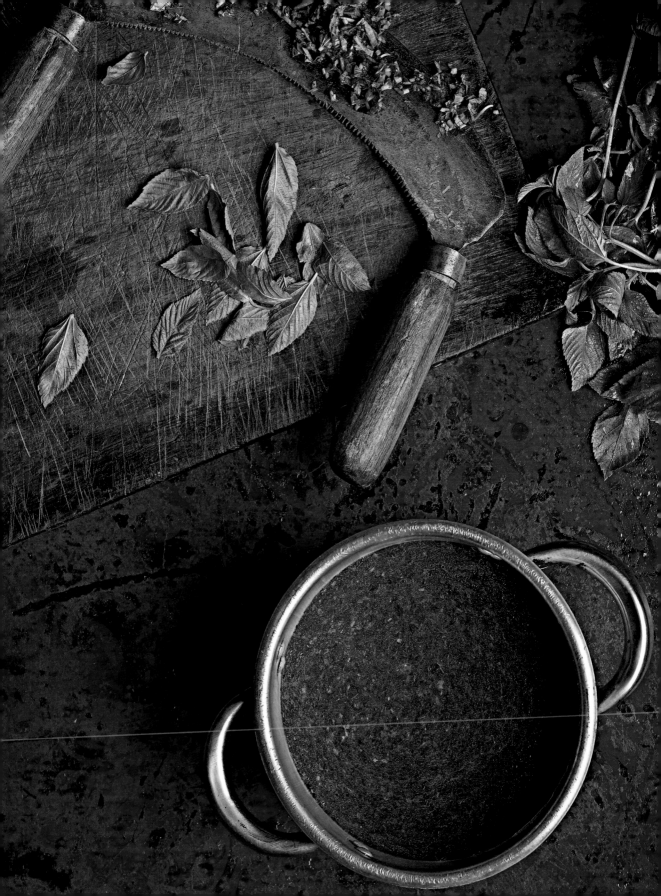

الملوخية

تكفي من :
٢ إلى ٤ أشخاص

مدة التحضير: ٢٥ دقيقة

- ٢ دجاجة كاملة (٣ كيلو تقريبًا)
- ٢ ملعقة طعام دقيق
- ٢ ورق لوري
- ٤ حبات حبهان
- ٢ ساق كرفس (٢٠٠ جرام تقريبًا)
- نصف ملعقة صغيرة ملح
- ١ ملعقة طعام أوراق كزبرة طازجة مفرومة
- ٥٠٠ جرام ملوخية
- ٤ حبات صغيرة بصل (٢٠٠ جرام تقريبًا)
- ٥ فصوص ثوم مفرومة
- ٣ ملاعق طعام زيت ذرة
- ٣ حبات كبيرة طماطم (٦٠٠ جرام تقريبًا)
- ٢ ملعقة صغيرة معجون طماطم

في مصر الملوخية الطازجة تقطف من فروعها وتفرم باليد باستخدام مفرمة الخضار، وهي سكين حاد بمقبضين خشب عريضين.

عمل مرقة الدجاج:

١. تنظف الفراخ وتغسل جيدًا بالدقيق والملح.

٢. تضاف الفراخ مع ورق اللوري، وحبات الحبهان، والكرفس، والملح، و٢ ملعقة صغيرة كزبرة طازجة مفرومة، وحلقات البصل إلى إناء طهي به ماء مغلي، وتسلق لمدة ٣٠ دقيقة.

٣. بعد النضج ترفع الفراخ والخضراوات من الشوربة، ويمكن أن تقدم الفراخ مع الملوخية حسب الرغبة.

٤. توضع ٣ أكواب مرقة دجاج في إناء طهي وتضاف إليها الملوخية مع التقليب المستمر، مع مراعاة أن تصل الملوخية إلى درجة الغليان.

٥. في إناء مختلف يحمر الثوم المفروم في زيت الذرة، ويقلب حتى يتحول إلى اللون الذهبي. ثم تضاف ملعقة صغيرة من الكزبرة الطازجة المفرومة وتقلب مع الثوم.

٦. يصب الخليط على الملوخية الساخنة ويسمع صوت الطشة "تشش".

تحضير الصوص الأحمر (الدمعة):

٧. يفرم البصل ويحمر في إناء طهي مع زيت الذرة حتى يتحول إلى اللون البني.

٨. تقشر الطماطم وتقطع وتحفظ العصارة.

٩. تضاف الطماطم، وعصارة الطماطم، ومعجون الطماطم إلى إناء الطهي. تطبخ لمدة ١٥ دقيقة.

١٠. يمكن أن يؤكل الصوص الأحمر مع الملوخية حسب الرغبة.

يمكن أن تقدم الملوخية وحدها مع الأرز الأبيض، أو مع الصلصة الحمراء والفراخ، أو مع الأرانب أو كرات اللحم (صفحة١٠١، ١٠٣، ١٠٥). وتقدم أيضًا مع البصل المقطع المنقوع في الخل.

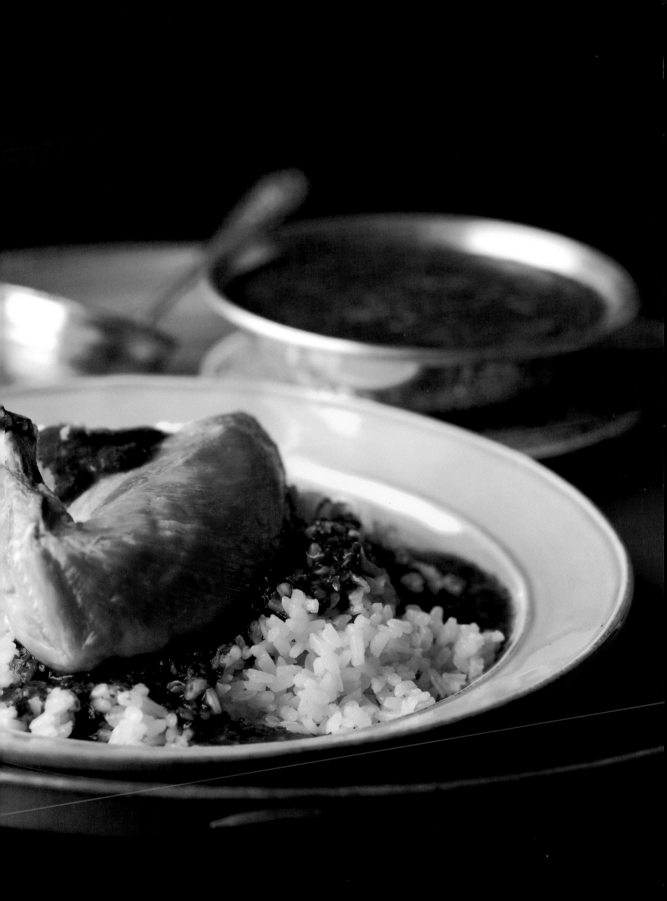

الملوخية مع الفراخ

تكفي من : | مدة التحضير: ٤٥ دقيقة
٢ إلى ٤ أشخاص

٢ دجاجة (٣ كيلو تقريبًا)

٣ ورق لوري

٤ حبات حبهان

٢ ملعقة صغيرة ملح

نصف ملعقة صغيرة فلفل أسود

٢ حبة صغيرة بصل مقطعة حلقات
(١٠٠ جرام تقريبًا)

٤ ملاعق طعام زيت ذرة

١ ملعقة طعام زبدة

١ ملعقة طعام معجون طماطم

١. تنقع الفراخ لمدة ١٠ دقائق في ماء دافئ وملح.

٢. تنظف الفراخ باستخدام سكين ويزال الجلد والعظام. ثم تفرك الفراخ بالملح لتنظف، وتشطف بالماء الدافئ.

٣. يغلى ٢ لتر ماء في وعاء طهي وتضاف إليه الفراخ مع ورق اللوري، والحبهان، والملح، والفلفل.

٤. تسلق لمدة ٣٠ دقيقة.

٥. ترفع الفراخ من المرقة.

٦. تخلط الفراخ مع معجون الطماطم.

٧. في إناء مختلف، يسخن زيت الذرة والزبدة.

٨. تحمر فيه الفراخ حتى تتحول إلى اللون الأحمر الذهبي.

تقدم مع الملوخية (صفحة ٩٩) والأرز الأبيض.

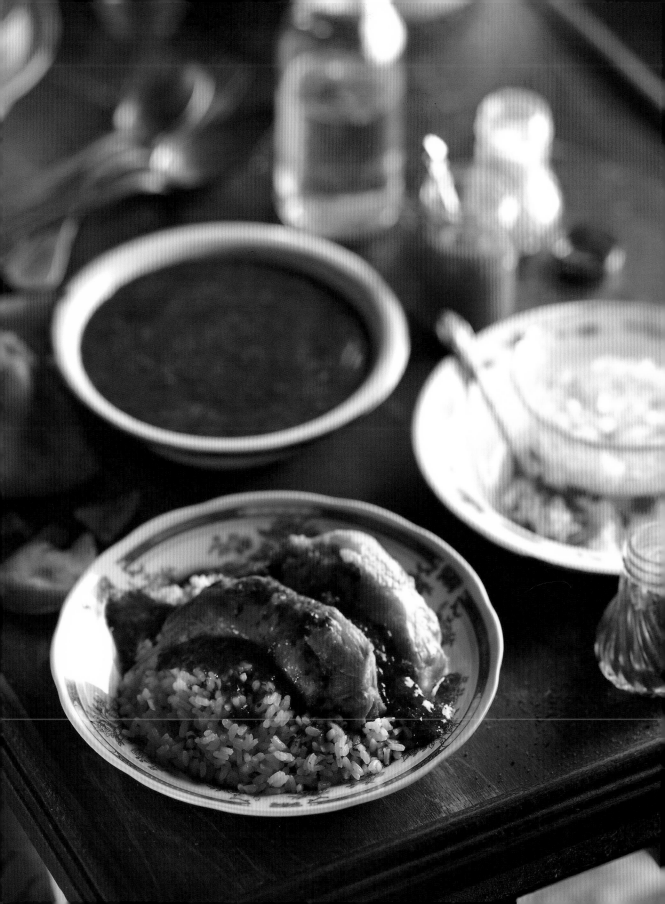

الملوخية مع الأرانب

تكفي من : | مدة التحضير: ٥٥ دقيقة
٢ إلى ٤ أشخاص

١. تنقع الأرانب لمدة ١٠ دقائق في ماء دافئ وملح.

٢. تنظف الأرانب باستخدام السكين ويزال الجلد والعظام. تفرك الأرانب بالملح لتنظف، وتشطف بالماء الدافئ.

٣. يغلى ٢ لتر ماء (٤ أكواب) في وعاء طهي وتضاف إليه الأرانب مع ورق اللوري، والحبهان، والكرفس، والملح، والفلفل، والبصل المقطع حلقات.

٤. تسلق لمدة ٣٠ دقيقة.

٥. ترفع الأرانب من المرقة. (يمكن استخدام هذه المرقة في عمل الملوخية.)

٦. تخلط الأرانب مع معجون الطماطم.

٧. يسخن زيت الذرة والزبدة في إناء مختلف.

٨. تحمر فيه الأرانب حتى تتحول إلى اللون الأحمر الذهبي.

تقدم مع الملوخية (صفحة ٩٩) والأرز الأبيض.

---

٢ أرنب (٢ كيلو تقريبًا)
٣ ورق لوري
٤ حبات حبهان
١ ساق كرفس
٢ ملعقة صغيرة ملح
نصف ملعقة صغيرة فلفل أسود
٢ حبة صغيرة بصل مقطعة حلقات
(١٠٠ جرام تقريبًا)
٤ ملاعق طعام زيت ذرة
١ ملعقة طعام زبدة
١ ملعقة طعام معجون طماطم

تقدم الأرانب عادة مع الملوخية، ويمكن أن يضاف إليها الصوص الأحمر لمزيد من المذاق.

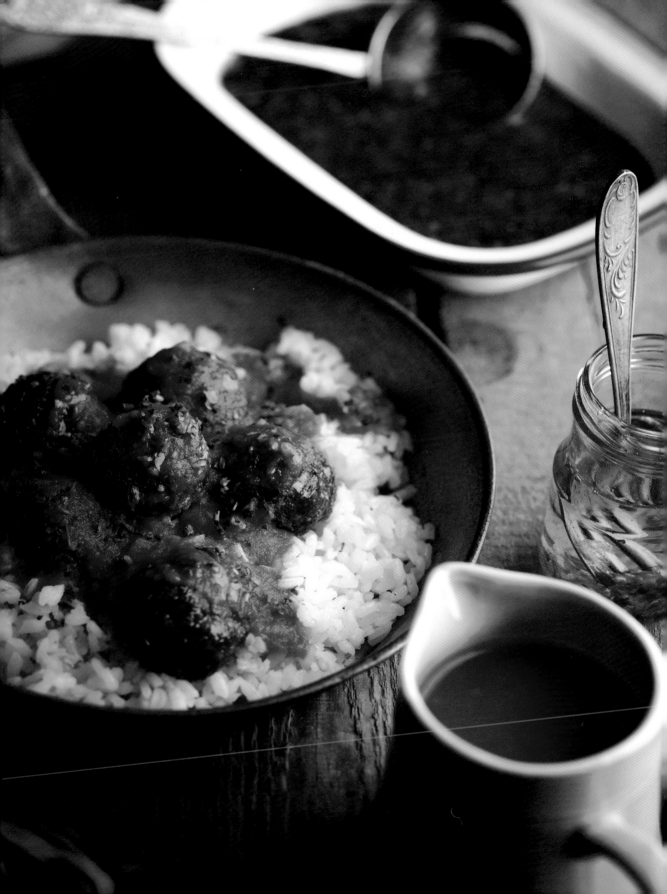

الملوخية مع كرات اللحم في الصوص الأحمر

تحضير كرات اللحم:

١. يخلط نوعي اللحم مع ١ حبة بصل مفرومة، ونصف ملعقة صغيرة ملح، وربع ملعقة صغيرة فلفل أسود، وجوزة الطيب، والقرفة في مفرمة الطعام حتى نحصل على خليط متمازج.

٢. باستخدام كف الأيد، يلف الخليط إلى كرات قطرها ٣ سم.

٣. يسخن زيت الذرة في إناء على درجة حرارة متوسطة، وتحمر فيه كرات اللحم حتى تتحول إلى اللون الذهبي البني.

تحضير الصوص الأحمر:

٤. يحمر باقي البصل مع الثوم المفروم في إناء على درجة حرارة متوسطة حتى يتحول إلى اللون البني.

٥. تضاف الطماطم، ومعجون الطماطم، وورق اللوري، ونصف ملعقة صغيرة ملح، وربع ملعقة صغيرة فلفل. تطبخ لمدة ١٥ دقيقة مع التقليب باستمرار.

٦. يخلط الصوص الأحمر مع كرات اللحم، ويقدما مع الملوخية (صفحة ٩٩) والأرز الأبيض.

- ٢٥٠ جرام لحم بقري مفروم
- ٢٥٠ جرام لحم بتلو مفروم
- ٢ حبة صغيرة بصل مفرومة (١٠٠ جرام تقريبًا)
- ١ ملعقة صغيرة ملح
- نصف ملعقة صغيرة فلفل أسود
- ربع ملعقة صغيرة جوزة الطيب مفرومة
- ربع ملعقة صغيرة قرفة مطحونة
- ٤ ملاعق طعام زيت ذرة
- ٤ حبات كبيرة طماطم مقشرة ومفرومة (٨٠٠ جرام تقريبًا)
- ٥ فصوص ثوم مفرومة
- ١ ملعقة طعام معجون طماطم
- ٣ ورق لوري

تقدم كرات اللحم مع الملوخية كطبق جانبي، وتسمى "كفتة داود باشا". ويقوم أبو السيد بخلط نوعين من اللحم معًا للحصول على كرات لحم لينة.

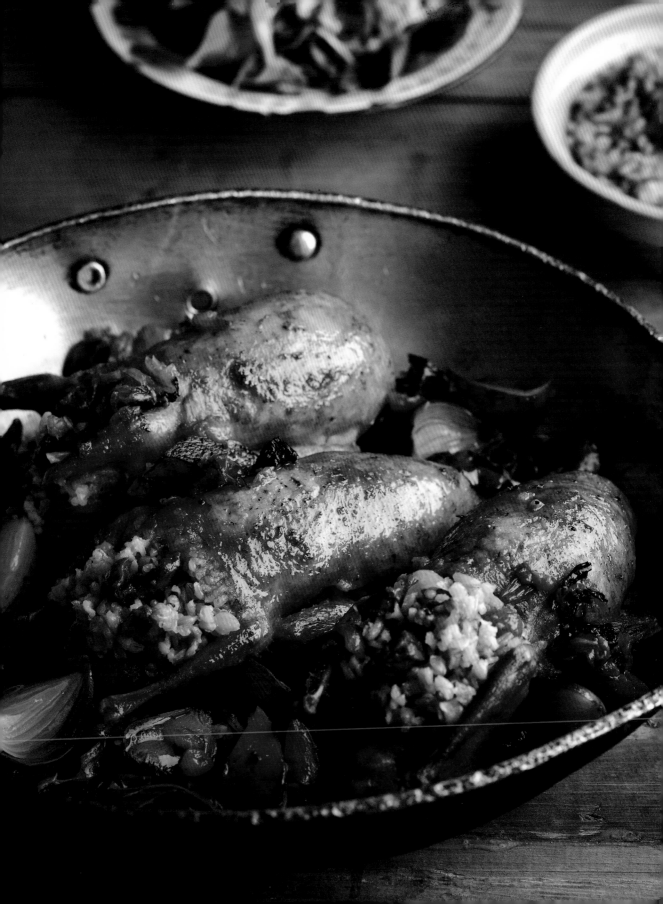

الحمام المحشي بالأرز أو الفريك

تكفي من :
٢ إلى ٤ أشخاص

مدة التحضير: ساعة و١٥ دقيقة

تحضير الأرز:

١.   يغسل الأرز جيدًا.

٢.   يخلط الأرز في وعاء مع ١ حبة بصل مفرومة، ونعناع ناشف، وفلفل أسود، وملح.

تحضير الفريك:

٣.   يغسل الفريك وينقع لمدة ٣٠ دقيقة.

٤.   يسخن الزيت والزبدة في إناء طهي عميق.

٥.   يضاف البصل، والفلفل الأسود، والملح، ويحمر البصل حتى يتحول إلى اللون الذهبي البني.

٦.   يضاف الفريك وربع كوب ماء، ويقلب فوق درجة حرارة منخفضة لمدة ١٠ دقائق.

٧.   يرفع من على النار ويترك ليبرد قبل حشو الحمام.

تحضير الحمام:

٨.   باستخدام المقص تزال الأجنحة والأرجل والركب، ثم تزال الرأس والذيل، دون قطع أجزاء من جسم الحمام قدر الإمكان. ثم يزال الجلد والريش والأمعاء والرئة والقلب.

٩.   يحشى الحمام بخليط الأرز أو الفريك. تغلق أطراف الحمام بواسطة خلة أسنان لمنع الأرز أو الفريك من السقوط.

١٠.   في إناء طهي عميق يغلي ١ ونصف لتر ماء (٦ أكواب) ماء، ثم يضاف إليه الكرفس، وورق اللوري، والحبهان، و٢ حبة بصل مفرومة.

١١.   يسلق الحمام لمدة ١ ساعة.

١٢.   يرفع الحمام من الشوربة ويحمر في إناء طهي مع الزيت لمدة ٥ دقائق حتى يتحول إلى اللون البني.

١٣.   تزال خلل الأسنان قبل التقديم.

يقدم ساخنًا.

المكونات

- ٥٠٠ جرام (٢ كوب) أرز أو فريك
- ٣ حبات كبيرة بصل مفرومة (٥٠٠ جرام تقريبًا)
- ١ ملعقة صغيرة نعناع ناشف
- ١ ملعقة صغيرة فلفل أسود
- ٢ ملعقة صغيرة ملح
- ٤ حمامات
- ١ حزمة كرفس
- ٢ ورق لوري
- ٤ حبات حبهان
- ٥٠٠ مليليتر (٢ كوب) زيت ذرة

الحمام المحشي من أشهر الأطباق المصرية. ورغم أن تحضير الطبق قد يبدو شاقًا لغير المعتادين على المطبخ المصري، لكن عند الانتهاء من تنظيف الحمام يكون أسهل وأسرع في الطبخ.

القمح الأخضر المعروف باسم الفريك يستخدم كثيرًا في مصر، ولكنه قليلًا ما يستخدم خارج الشرق الأوسط. والفريك هو بذور القمح التي تجنى وهي ناعمة، ثم تجفف بالشمس. ويمكن أن يستخدم الأرز كبديل، ولكن الفريك له مذاق مقرمش ومميز.

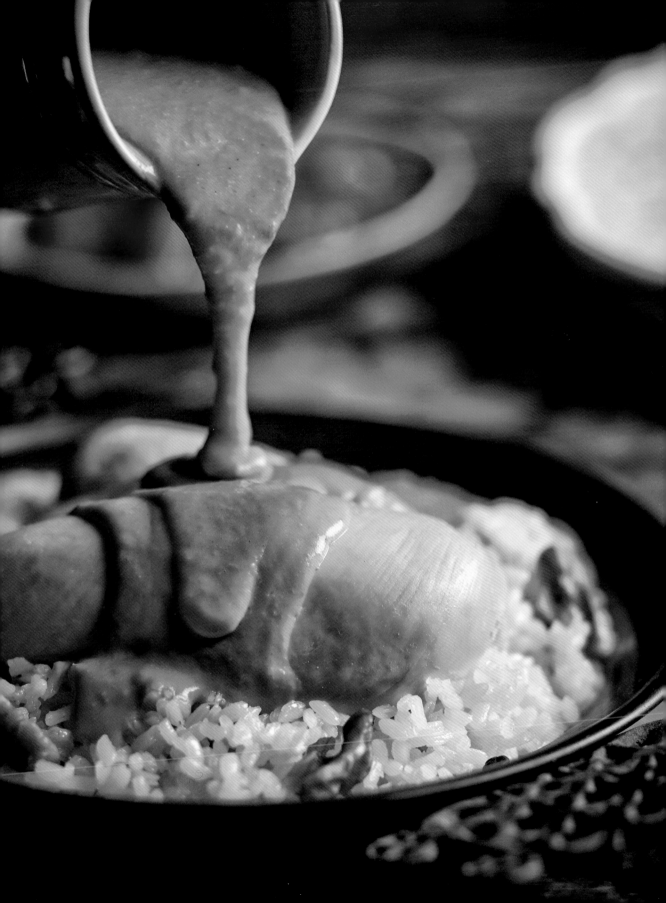

الفراخ الشركسية بصوص الجوز

تكفي من :
٢ إلى ٤ أشخاص

مدة التحضير: ٦٠ دقيقة

١ دجاجة
٣ ورق لوري
٤ حبات حبهان
١ حزمة كرفس
٢ ملعقة صغيرة ملح
نصف ملعقة صغيرة فلفل
١ ونصف معلقة طعام كزبرة مطحونة
١حبة جزر مقطعة قطعًا صغيرة
٣ حبات متوسطة بصل (٢٥٠ جرام تقريبًا)
٢٥٠ جرام جوز
٤ قطع خبز محمص
٥٠٠ مليليتر (٢ كوب) حليب
١ ملعقة طعام زبدة
٣ ملعقة طعام دقيق
٤ فصوص ثوم مقطعة قطعًا صغيرة
١ ملعقة طعام زيت ذرة
٤ حبات طماطم (٨٠٠ جرام تقريبًا)
٢ فص ثوم
١ ملعقة طعام معجون طماطم
٥٠٠ جرام (٢ ونصف كوب) أرز أبيض

الفراخ الشركسية هي واحدة من الوصفات التركية التي انتقلت إلى المطبخ المصري عبر السنين. وهي وجبة مغذية، حيث تحتوي على الدجاج، وصوص الجوز الكريمي، والأرز، والصوص الأحمر المميز. وكثيرًا ما تقدم في الأعياد المصرية.

تحضير الفراخ:

١. تنقع الفراخ لمدة ١٠ دقائق في ماء مملح ودافئ. ثم يزال جلد الفراخ والعظم باستخدام سكين.
٢. تفرك الفراخ بالملح لتنظف ثم تشطف بالماء.
٣. في إناء طهي يغلى ٢ لتر ماء لتسلق فيه الفراخ.
٤. تضاف الفراخ مع ورق اللوري، وحبات الحبهان، والكرفس، والملح، والفلفل، و١ ملعقة طعام كزبرة، والجزر المفروم، و١ حبة بصل مفرومة. تسلق لمدة ٣٠ دقيقة.
٥. تصفى الفراخ من المرقة.

تحضير صوص الشركسية:

٦. ينقع الجوز مع قطعتين من الخبز المحمص في الحليب لمدة ١٥ دقيقة. ثم يخلط في خلاط حتى يصبح الخليط ناعما جدًا.
٧. في إناء طهي عميق تخلط ٣ أكواب مرقة دجاج، و٢ حبة بصل مقطع على شكل حلقات، وملح، وفلفل أبيض، وزبدة، وتقلب لمدة ٥ دقائق.
٨. يضاف خليط الجوز ويقلب لمدة ١٠ دقائق.
٩. في حالة عدم الحصول على كثافة كافية للخليط، يضاف الدقيق إلى الخليط حتى يصل إلى الكثافة المطلوبة.
١٠. في إناء طهي آخر يحمر ٢ فص ثوم مع الكزبرة في زيت ذرة، حتى يتحول إلى اللون الذهبي. عند غليان خليط مرقة الدجاج يضاف صوص الشركسية، وسوف تسمع صوت الطشة "تشش."

تحضير الصوص الأحمر:

١١. يقطع البصل قطعًا صغيرة ويحمر في إناء طهي مع القليل من الزيت والمتبقي من الثوم حتى يتحول إلى اللون البني.
١٢. تقشر الطماطم وتخلط مع معجون الطماطم، وتضاف إلى الإناء.
١٣. يضاف الملح والفلفل وتقلب على درجة حرارة ما بين المتوسطة والمنخفضة لمدة ١٥ دقيقة.
١٤. يضاف الأرز في طبق التقديم وعليه صوص الشركسية والفراخ على السطح. يقدم من الصوص الأحمر جانبًا.

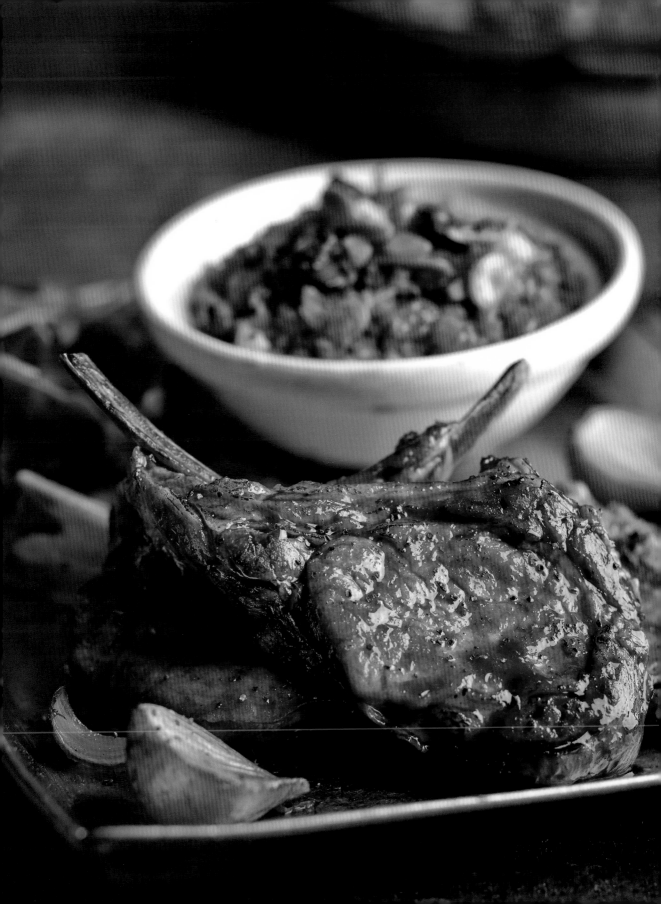

لحم العجل المشوي

تكفي من : ٢ إلى ٤ أشخاص | مدة التحضير: ٦٠ دقيقة

١ حبة متوسطة طماطم (١٠٠ جرام تقريبًا)
٣ حبات بصل (٢٥٠ جرام تقريبًا)
نصف ملعقة صغيرة ملح
ربع ملعقة صغيرة فلفل أبيض
٢ ملعقة صغيرة بهارات مختلفة
١ كيلو لحم عجل مقطع
٩٠ مليليتر (٦ ملاعق طعام) زيت ذرة
٥٠٠ جرام (٢ ونصف كوب) أرز
١٥٠ جرام مكسرات مختلفة (لوز وبندق وزبيب)

وصفة لحم العجل المشوي تحضر في العديد من المطابخ، ولكن وصفة أبو السيد للحم العجل المشوي تتميز بطريقة سهلة التحضير.

تتبيل اللحم:

١. تقشر الطماطم و١ حبة بصل ويهرسا معا.
٢. تصفى العصارة ويضاف الملح والفلفل الأبيض والبهارات المختلفة.
٣. يضاف اللحم ويتبل لمدة ١٥ دقيقة.

تحضير الأرز:

٤. يقطع باقي البصل قطعًا صغيرة ويحمر في إناء طهي مع إضافة ٣ ملاعق زيت ذرة حتى يتحول إلى اللون البني.
٥. تضاف ٣ أكواب ماء وتقلب.
٦. يغسل الأرز ويوضع في وعاء طهي مختلف مع ٣ ملاعق طعام زيت ذرة.
٧. يضاف البصل المقلي والماء إلى الأرز، ويقلب على درجة حرارة منخفضة لمدة ١٥ دقيقة حتى يتشرب الأرز الماء.

شواء اللحم:

٨. تشوى قطع اللحم مع إضافة باقي سائل التتبيل فوقها.

يقدم مع الأرز بالمكسرات.

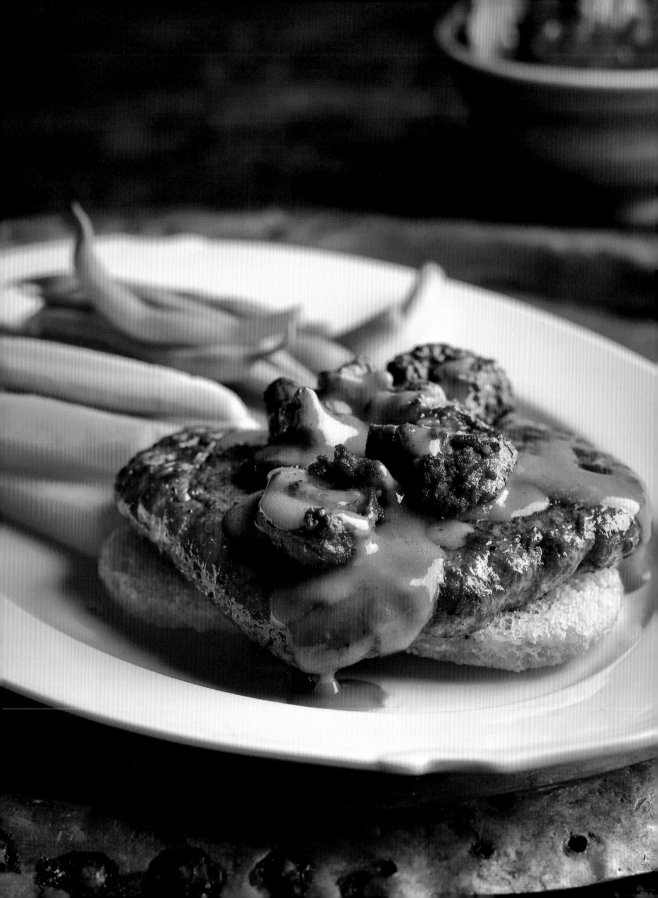

فيليه أبو السيد مع كبدة الفراخ والخضار

تكفي من : ٢ إلى ٤ أشخاص | مدة التحضير: ٤٥ دقيقة

٣ ملاعق طعام زيت ذرة
١ ملعقة صغيرة زبدة
١ حبة كبيرة بصل مقطعة قطعًا صغيرة (١٥٠ جرام تقريبًا)
٢ فص ثوم مفروم
٢ حبة حبهان
٢ ملعقة طعام كرفس مفروم
ربع ملعقة صغيرة ملح
ربع ملعقة صغيرة فلفل أسود
٤ حبات متوسطة جزر مفرومة (٢٠٠ جرام تقريبًا)
١ ملعقة طعام دقيق
٢٥٠ جرام كبدة فراخ
٨٠٠ جرام لحم عجل
٤ شرائح خبز توست
٢٠٠ جرام بازلاء خضراء
٢ حبة كبيرة بطاطس (٢٠٠ جرام تقريبًا)
٣ حبات متوسطة كوسة (٢٠٠ جرام تقريبًا)

هذا الطبق من ابتكار مطاعم أبو السيد، وهو معروف بمذاقه الشهي المميز بخليط كبدة الفراخ واللحم.

١. تسخن الشواية والفرن على درجة حرارة ١٦٠ درجة مئوية.

تحضير الصوص البني:

٢. يسخن زيت الذرة مع نصف ملعقة صغيرة زبدة، ويحمر البصل المفروم والثوم المفروم على درجة حرارة متوسطة حتى تتحول إلى اللون البني الغامق.
٣. تضاف حبات الحبهان والكرفس المفروم والملح والفلفل الأسود والجزر المفروم مع كوب ماء ويقلب الخليط.
٤. يضاف الدقيق إلى الصوص ويقلب حتى الحصول على الكثافة المطلوبة.

تحضير كبدة الفراخ:

٥. تشطف كبدة الفراخ جيدًا بالماء، وتقطع إلى مكعبات حجمها ١.٥ سم * ١.٥ سم.
٦. يسخن زيت الذرة في إناء الطهي وتضاف كبدة الفراخ وتقلب حتى تنضج لمدة ١٥ دقيقة.

تحضير اللحم:

٧. يدهن اللحم بزيت الذرة، ثم يشوى على الجهتين حتى ينضج.
٨. يسخن اللحم في الصوص البني لمدة ٥ دقائق.
٩. تضاف كبدة الفراخ إلى اللحم مع الصوص وتسخن لمدة ٥ دقائق.

تحضير الخبز:

١٠. يقطع الخبز على شكل حلقات قطرها ٥ سم تقريبًا.

تحضير الخضار:

١١. تقطع البطاطس والكوسة على شكل شرائح مستطيلة.
١٢. تقطع البازلاء الخضراء إلى أنصاف.
١٣. يسلق الخضار في الماء لمدة ١٥ دقيقة ويصفى.
١٤. في إناء طهي تسخن نصف ملعقة طعام زبدة مع الملح ثم تصب على الخضار.

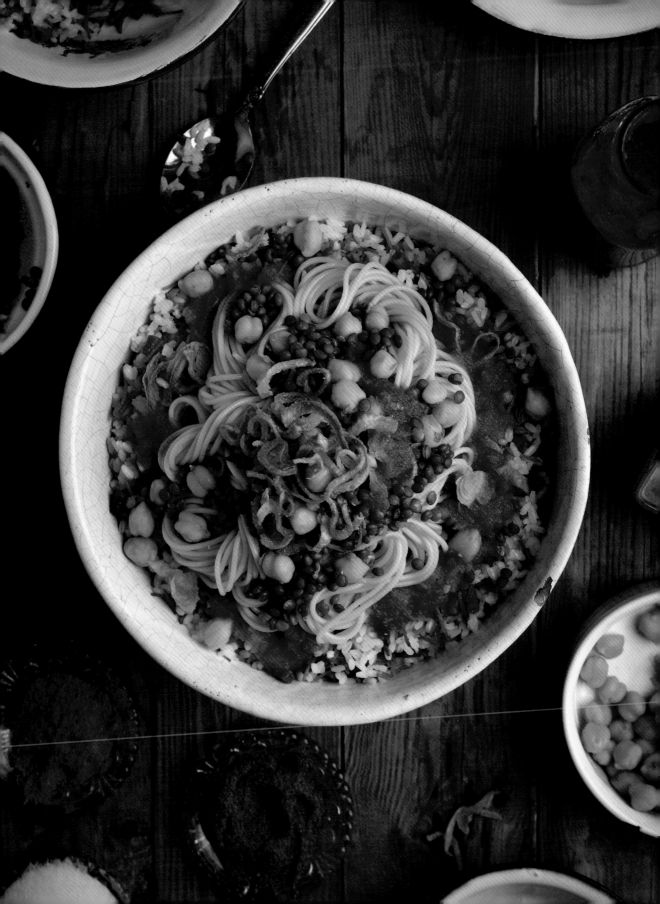

الكشري

تكفي من :
٢ إلى ٤ أشخاص

مدة التحضير: ساعة و٣٠ دقيقة

٥٠٠ جرام بصل مقطع قطع صغيرة
١٢٥ ملليليتر(نصف كوب) زيت ذرة
١٥٠ جرام حمص بني
١٥٠ جرام عدس ناشف
١٥٠ جرام مكرونة إسباجتي
١٥٠ جرام شعيرية
١٥٠ جرام مكرونة مقصوصة
٢٠٠ جرام أرز
٥ حبات متوسطة طماطم (٣٠٠ جرام تقريبًا)
١ ملعقة طعام معجون طماطم
٣ حبات حبهان
١ ملعقة صغيرة ملح
١/٨ ملعقة صغيرة فلفل أبيض
٥ فصوص ثوم مقطعة قطعًا صغيرة
٢ ملعقة طعام خل
نصف ملعقة بودرة شطة (حسب الرغبة)

1. يقلى نصف البصل في إناء طهي مع زيت الذرة على درجة حرارة متوسطة حتى يتحول إلى اللون الذهبي.
2. يرفع البصل ويوضع على ورق مجفف ليمتص بقية الزيت.
3. يغسل الحمص والعدس وينقع في الماء لمدة ٣٠ دقيقة.
4. يسلق الحمص لمدة ٣٠ دقيقة والعدس لمدة ١٥ دقيقة حتى الطبخ.
5. تسلق المكرونة الإسباجتي في الماء مع ربع ملعقة زيت ذرة لمدة ١١ دقيقة أو حتى تنضج، ثم تصفى.
6. تحمر الشعيرية في إناء مختلف في زيت ذرة حتى تتحول إلى اللون الذهبي. ثم تضاف المكرونة المقصوصة إلى الشعيرية.
7. يضاف إلى الشعيرية ١ ونصف كوب ماء، وبعد وصوله للغليان نكمل الطبخ على درجة حرارة منخفضة لمدة ١٥ دقيقة. ثم تصفى من الماء.
8. يغسل الأرز ويضاف إلى الإناء مع قليل من الزيت. يضاف كوب ماء، وبعد وصوله للغليان تخفض الحرارة ويقلب لمدة ١٠ دقائق حتى يتشرب الماء.
9. عند الانتهاء من طبخ الأرز يخلط مع العدس، والحمص، والإسباجتي، والشعيرية، والمكرونة المقصوصة، وينقل إلى طبق التقديم. يقدم دافئًا.

تحضير الصوص الأحمر:

10. يقطع باقي البصل قطع صغيرة، ويحمر على درجة حرارة فوق المتوسطة حتى يتحول إلى اللون البني.
11. تقشر الطماطم وتقطع وتضاف إلى إناء الطهي مع معجون الطماطم.
12. تضاف حبات الحبهان والملح والفلفل، ويطبخ لمدة عشر دقائق.
13. يحمر الثوم في إناء طهي مختلف في زيت الذرة والخل، ويقلب حتى يتحول إلى اللون الذهبي البني. ويضاف إلى الصوص الأحمر وسوف يسمع صوت الطشة "نشش".
14. تضاف بودرة الشطة (حسب الرغبة).

يجمل بالبصل المقلي والمقرمش، ويقدم مع صوص أحمر عادي أو حار، حسب الاختيار.

الكشري أكلة مصرية صميمة، وهو طبق نباتي غالبًا ما يقدم إلى الأسرة في نهاية الشهر عندما تضيق الميزانية. يحضر في أغلب البيوت ويباع في معظم الشوارع المصرية.

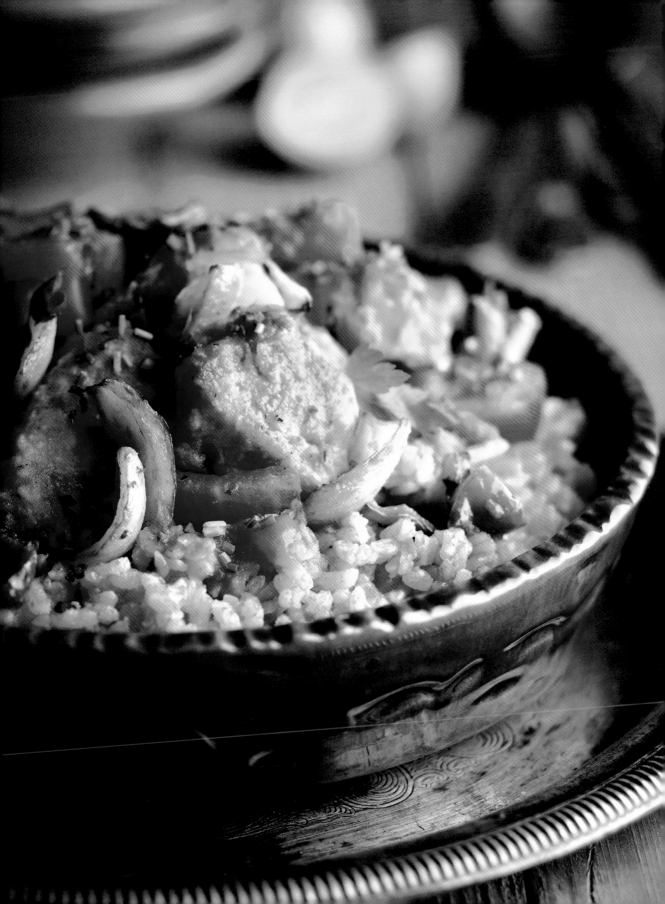

سمك الصيادية

تكفي من : ٢ إلى ٤ أشخاص | مدة التحضير: ٦٠ دقيقة

٦٠٠ جرام سمك أبيض مجفف (على سبيل المثال سمك قشر بياض أو وقار)
نصف ملعقة صغيرة بودرة شطة
١ ملعقة صغيرة ملح
١ ملعقة صغيرة كمون
عصارة ٣ حبات ليمون
٤ فصوص ثوم
٢ ملعقة طعام دقيق
ربع كوب زيت ذرة
٥ حبات متوسطة بصل مفرومة (٥٠٠ جرام تقريبًا)
٥ حبات طماطم مقشرة ومقطعة مكعبات ١.٥ سم * ١.٥ سم (٥٠٠ جرام تقريبًا)
١ ملعقة طعام معجون طماطم
٢ ونصف كوب أرز
٢ حبة متوسطة جزر مفرومة (٢٥٠ جرام تقريبًا)
٣ حبات متوسطة فلفل أخضر مقطعة مكعبات ١.٥ سم * ١.٥ سم (٢٥٠ جرام تقريبًا)
٣ حبات حبهان

هذا الطبق الشهي يعد من الوصفات الصحية في المطبخ المصري.

١. يسخن الفرن على درجة حرارة ١٦٠ درجة مئوية.

تحضير السمك:

٢. يغسل السمك ويقطع إلى مكعبات حجمها ٣ سم * ٣ سم.
٣. تخلط الشطة مع نصف ملعقة ملح صغيرة ونصف ملعقة كمون وعصارة ليمون وثوم مفروم.
٤. يضاف الخليط إلى السمك ويتبل لمدة ١٥ دقيقة.
٥. يرفع السمك من التتبيلة ويغمس في الدقيق. ثم يقلى على درجة حرارة منخفضة لمدة ١٠ دقائق حتى يتحول إلى اللون الذهبي البني.

تحضير الأرز:

٦. تحمر ٢ حبة بصل مفرومة في قليل من زيت الذرة في إناء طهي صغير حتى تتحول إلى اللون الذهبي البني الفاتح.
٧. تصفى ٢ حبة طماطم وتضاف مع معجون الطماطم إلى البصل ويقلب الخليط. يضاف الأرز مع ٢ كوب ماء ونصف ملعقة ملح، ويقلب ويطبخ على درجة حرارة منخفضة لمدة ١٥ دقيقة.

تحضير صوص الصيادية:

٨. تحمر ٣ حبات بصل في ٢ ملعقة طعام زيت في إناء طهي حتى يتحول البصل إلى اللون الذهبي البني.
٩. تقطع ٤ حبات طماطم إلى مكعبات حجمها ١.٥ سم * ١.٥ سم تقريبًا، وتضاف مع الجزر المفروم، والفلفل الأخضر، والحبهان، ويطبخ الخليط لمدة ٥ دقائق.
١٠. يضاف الماء المالح المتبقى من تتبيل السمك.
١١. يحضر طاجن يوضع فيه الأرز أولاً، ثم السمك، ثم صوص الصيادية.
١٢. يسخن الطاجن في الفرن لمدة ٥ دقائق قبل التقديم.

يقدم مع الطحينة.

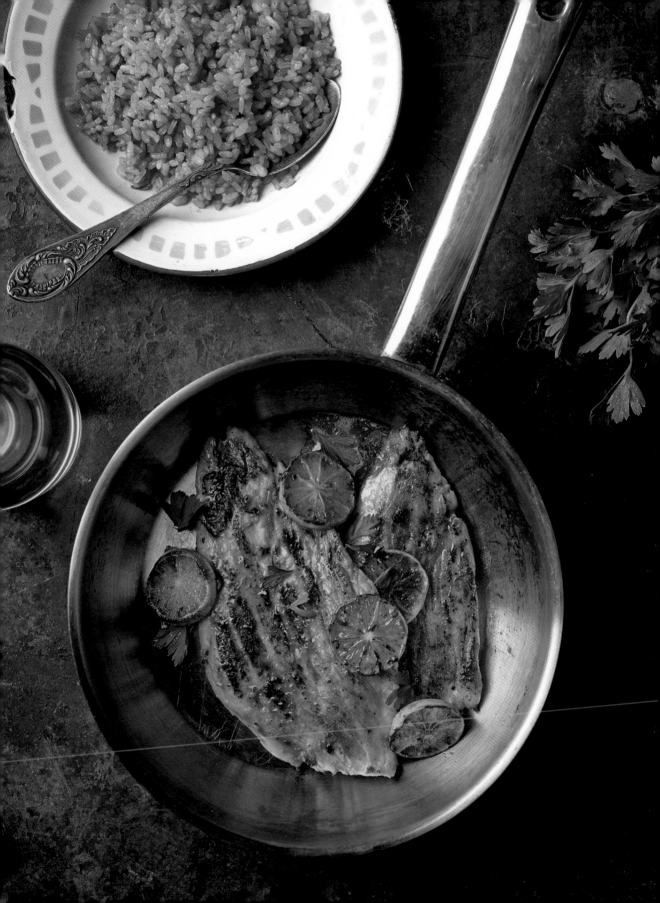

السمك المشوي

تكفي من :
٢ إلى ٤ أشخاص

مدة التحضير: ٣٠ دقيقة

٦٠٠ جرام سمك وقار أو قشر بياض
١ ملعقة صغيرة ملح
نصف ملعقة صغيرة كمون
عصارة ٣ حبات ليمون (١٢٥ مليليتر تقريبًا)
٤ فصوص ثوم
٤ ملاعق طعام زيت ذرة
٣ حبات متوسطة بصل مفرومة
٣ حبات متوسطة طماطم
١ ملعقة طعام معجون طماطم
٥٠٠ جرام (٢ ونصف كوب) أرز
٢ وربع كوب ماء

هذه وصفة خفيفة وصحية من المطبخ المصري.

١. تسخن الشواية.

تحضير السمك:

٢. يغسل السمك ويقطع إلى شرائح طولها ٨ سم.
٣. يتبل السمك في نصف ملعقة ملح، وكمون، وعصارة ليمون، وثوم مفروم لمدة ٥ دقائق.
٤. يصفى السمك من سائل التتبيل مع الاحتفاظ بها جانبًا.
٥. يوضع سائل التتبيل في إناء طهي على درجة حرارة منخفضة.
٦. يرش زيت الذرة على السمك ويشوى لمدة ٥ دقائق (٢ ونصف دقيقة لكل جهة).
٧. يرفع السمك من على الشواية، ويسخن في سائل التتبيل لمدة ٥ دقائق.

الأرز:

٨. يحمر البصل في زيت ذرة في إناء طهي صغير حتى يتحول إلى اللون الذهبي البني الفاتح.
٩. تقشر الطماطم وتهرس، ثم تضاف الطماطم ومعجون الطماطم إلى البصل ويستمر التقليب.
١٠. يضاف الأرز مع نصف ملعقة ملح و٢ وربع كوب ماء. يقلب ويطبخ على درجة حرارة منخفضة لمدة ١٥ دقيقة.

يقدم السمك ساخنًا مع الأرز وتقدم معه الطحينة كطبق جانبي.

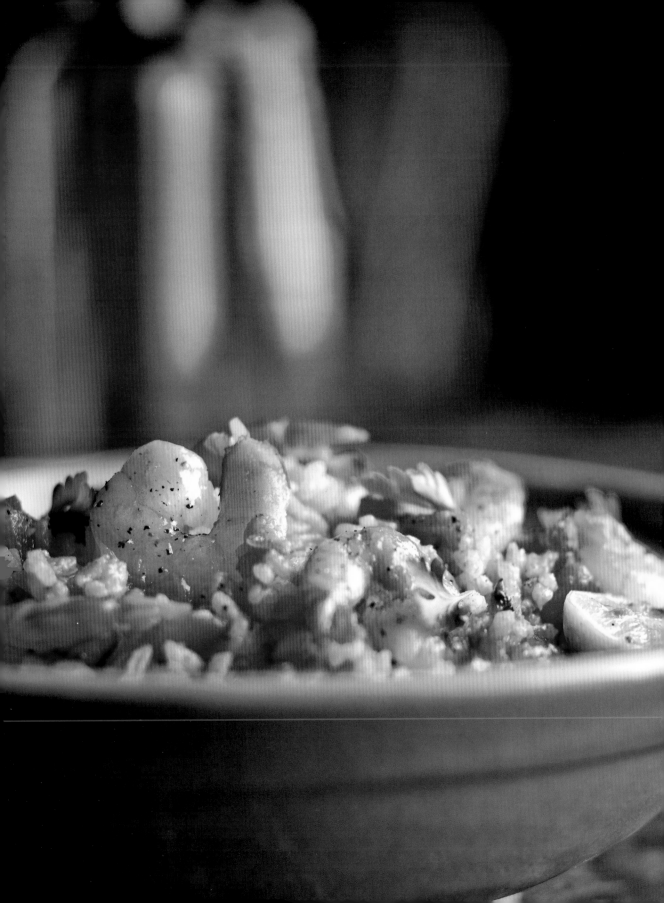

طاجن الجمبري مع الأرز الأحمر

مدة التحضير: ٣٠ دقيقة | تكفي من :
| ٢ إلى ٤ أشخاص

١. يسخن الفرن لدرجة حرارة ١٨٠ درجة مئوية.

تحضير الأرز:

٢. تقطع حبة بصل قطعًا صغيرة وتحمر في الزيت حتى يتحول إلى اللون البني.

٣. تقشر ٣ حبات طماطم وتقطع ثم تخلط مع البصل.

٤. يضاف معجوم الطماطم إلى الخليط ويستمر التقليب.

٥. يضاف الأرز والملح، ثم يقلب ويطبخ على درجة حرارة منخفضة لمدة ١٥ دقيقة.

تحضير صوص الجمبري:

٦. يحفظ الجمبري باردًا دائمًا أثناء التحضير. تقطع الرؤوس والذيول، وتقطع الحافة الخارجية بواسطة سكين وتزال الأوردة ويغسل الجمبري جيدًا.

٧. تفرم حبة البصل الأخرى وتضاف إلى إناء طهي عميق مع زيت الذرة والثوم، ويقلب حتى يتحول البصل إلى اللون الذهبي.

٨. يقشر باقي الطماطم ويقطع قطعًا صغيرة ويقلب في إناء الطهي.

٩. يضاف الجمبري مع الملح والشطة والكمون، ويقلب لمدة ٥ دقائق على درجة حرارة منخفضة، مع مراعاة ألا يترك حتى يجف.

١٠. في طاجن يضاف الأرز أولاً ثم الجمبري، مع الصوص على السطح، ويسخن في الفرن لمدة ٥ دقائق قبل التقديم.

يجمل بالبقدونس المفروم.

- ٢ حبة كبيرة بصل (٢٥٠ جرام تقريبًا)
- ٦ حبات متوسطة طماطم (٥٠٠ جرام تقريبًا)
- ١ ملعقة طعام معجون طماطم
- ٨٠٠ جرام جمبري
- ٢٥٠ مليليتر (١ كوب) زيت ذرة
- ٤ فصوص ثوم مقطعة قطعًا صغيرة
- ٢ كوب أرز
- ١ ملعقة صغيرة ملح
- ربع ملعقة صغيرة بودرة شطة
- نصف ملعقة كمون مطحون
- نصف حزمة بقدونس

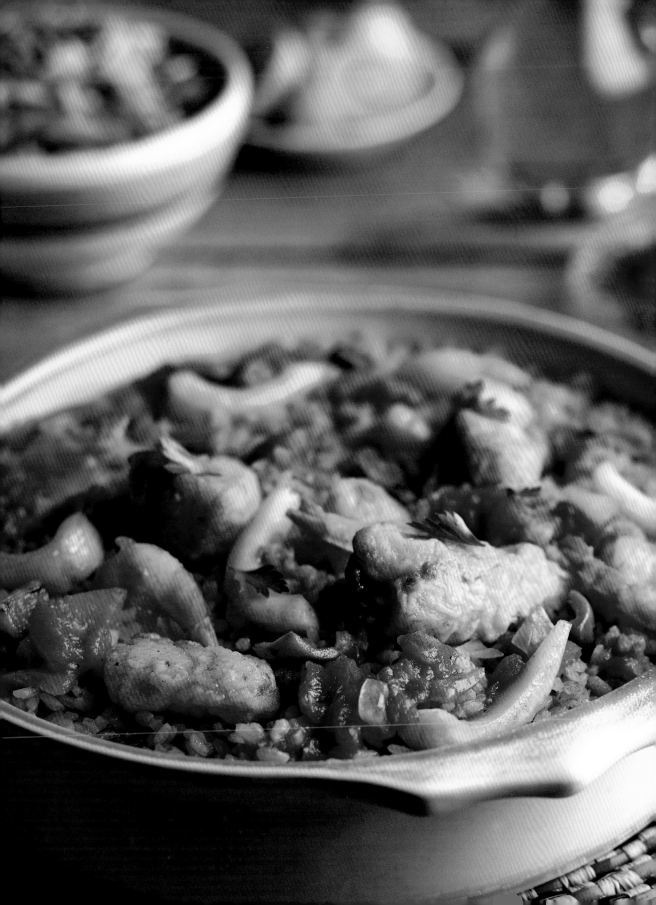

طاجن فواكة البحر مع الأرز الأحمر

تكفي من : ٢ إلى ٤ أشخاص | مدة التحضير: ٦٠ دقيقة

- ٦٠٠ جرام سمك وقار أو قشر بياض
- ٣٠٠ جرام حبار
- ٢٠٠ جرام جمبري
- نصف ملعقة صغيرة بودرة شطة
- ١ ملعقة صغيرة ملح
- ١ ملعقة صغيرة كمون مطحون
- عصارة ٣ حبات ليمون (١٢٥ مليليتر تقريبًا)
- ٤ فصوص ثوم مفرومة
- ٢ ملعقة طعام دقيق
- ٥٠٠ مليليتر (٢ كوب) زيت ذرة
- ٥ حبات متوسطة بصل (٥٠٠ جرام تقريبًا)
- ٤٠٠ جرام (٢ كوب) أرز
- ٦ حبات متوسطة طماطم (٥٠٠ جرام تقريبًا)
- ١ ملعقة طعام معجون طماطم
- ٢ حبة متوسطة مفرومة جزر (٢٥٠ جرام تقريبًا)
- ٣ حبات متوسطة فلفل أخضر (٢٥٠ جرام تقريبًا)
- ٣ حبات حبهان

١. يسخن الفرن على درجة حرارة ١٦٠ درجة مئوية.

تحضير فواكه البحر:

٢. يغسل ويقطع السمك إلى مكعبات حجمها ٣ سم * ٣ سم تقريبًا.
٣. يقطع رأس الحبار برفق لإزالة الدواخل حتى تنزع جميعها.
٤. تزال صدفة رأس الحبار باستخدام سكين حاد ويقطع إلى مربعات حجمها ٢ سم * ٢ سم وتغسل.
٥. تزال رؤوس وذيول الجمبري مع المحافظة على برودته أثناء التحضير.
٦. تقطع الحافة الخارجية الجمبري بواسطة سكين وتزال الأوردة، ثم يغسل جيدًا. تخلط كل فواكة البحر مع الشطة، ونصف ملعقة ملح، ونصف ملعقة كمون، وعصارة الليمون وثلاثة فصوص ثوم.
٧. يغمس السمك في الدقيق ثم يحمر على درجة حرارة منخفضة لمدة ١٠ دقائق حتى يتحول إلى اللون الذهبي.
٨. يحمر الثوم في الزيت في إناء آخر حتى يتحول إلى اللون البني. ثم يضاف الجمبري والحبار ويقلب لمدة ٣ دقائق على درجة حرارة متوسطة.

تحضير الأرز:

٩. تقطع ٤ حبات بصل قطعًا صغيرة وتحمر في الزيت حتى يتحول البصل إلى اللون البني الذهبي الفاتح.
١٠. تقشر نصف كمية الطماطم وتفرم، وتضاف مع معجون الطماطم إلى الإناء وتقلب.
١١. يضاف الأرز مع ٢ كوب ماء ونصف ملعقة ملح.
١٢. يقلب الأرز ويطبخ على درجة حرارة منخفضة.

تحضير الصوص:

١٣. يقطع باقي البصل قطعًا صغيرة ويحمر في إناء طهي عميق مع ٢ ملعقة طعام زيت ذرة حتى يتحول البصل إلى اللون الذهبي البني.
١٤. تقشر بقية الطماطم وتقطع قطعًا صغيرة. ثم تضاف إلى الإناء مع الجزر المفروم والفلفل الأخضر المقطع والحبهان، ويقلب الخليط.
١٥. توضع فواكه البحر فوق الأرز في طاجن، ويصب الصوص على السطح. يسخن في الفرن لمدة ٥ دقائق قبل التقديم.

يقدم مع الطحينة.

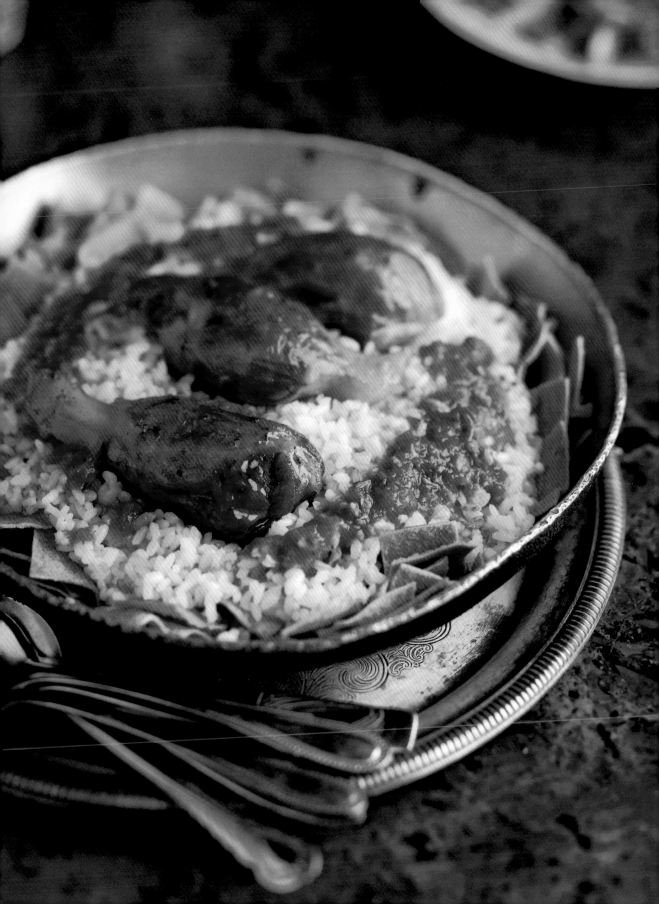

الفتة

(الأرز المصري مع اللبن الزبادي واللحم والطماطم)

تكفي من : ٢ إلى ٤ أشخاص | مدة التحضير: ٤٥ دقيقة

تحضير اللحم:

١. يوضع اللحم مع الكرفس، و١ حبة جزر مقطعة قطعًا صغيرة، و يوضع ١ حبة حبهان، ونصف ملعقة صغيرة ملح، وربع ملعقة صغيرة فلفل أبيض في إناء صغير مع ٥ أكواب ماء لتسلق لمدة نصف ساعة حتى النضج. للمزيد من المذاق يضاف مكعب مرقة لحم.
٢. يصفى اللحم بمصفاة، وتوضع مرقة اللحم جانبًا لتستخدم في تحضير الصوص الأحمر لاحقًا.
٣. تسخن ٤ ملاعق زيت ذرة صغيرة مع معجون طماطم في إناء طهي، ثم يضاف اللحم ويطبخ حتى يتحول إلى اللون البرونزي. يرفع اللحم من الزيت ويرش بالملح والفلفل.

تحضير الأرز الأبيض:

٤. يغسل الأرز ويصفى. تسخن ٢ ملعقة صغيرة زيت ذرة في إناء طهي على درجة حرارة متوسطة، ثم يضاف الأرز ويقلب لمدة ٥ دقائق.
٥. يضاف ٢ كوب ماء و١ ملعقة صغيرة ملح، ويستمر التقليب. تخفض درجة الحرارة، ويغطى الأرز ويطبخ لمدة ١٠ دقائق حتى يتشرب الماء.

تحضير الخبز:

٦. يقطع الخبز البلدي المصري إلى مربعات حجمها ٢ سم * ٢ سم.
٧. يسخن الزبد في إناء طهي، ثم يحمر الخبز حتى يتحول إلى اللون الذهبي الغامق.
٨. يقلي الثوم المفروم في إناء طهي مختلف مع زيت الذرة حتى يتحول إلى اللون الذهبي البني.
٩. يضاف الخل ومرقة اللحم، ويسخن الخليط حتى الغليان.
١٠. تضاف قطع الخبز، وسوف تسمع صوت الطشة "تششش".

تحضير الصوص الأحمر:

١١. يحمر البصل المقطع قطعًا صغيرة في إناء طهي مع ٢ ملعقة طعام زيت ذرة حتى يتحول إلى اللون البني.
١٢. تقشر الطماطم وتقطع قطعًا صغيرة، ثم تضاف إلى إناء طهي مع الجزر المفروم، وبقية حبات الحبهان، ونصف ملعقة صغيرة ملح، وربع ملعقة فلفل صغيرة. تسخن لمدة ١٥ دقيقة. يضاف الدقيق بالتدريج ويقلب حتى يصل الصوص إلى الكثافة المطلوبة.
١٣. يخلط اللبن الزبادي مع الثوم المفروم ويقلب جيدًا.
١٤. ترص قطع الخبز في قاع طبق عميق.
١٥. يضاف اللبن الزبادي فوق الخبز.
١٦. تضاف طبقة من الصوص الأحمر، ثم طبقة من الأرز مع باقي صوص الخل، ثم طبقة أخرى من الصوص الأحمر، وأخيرًا يرص اللحم على السطح وتقدم.

٦٠٠ جرام مفاصل لحم عجل
١ ساق كرفس
٢ حبة متوسطة جزر (١٥٠ جرام تقريبًا):
تقطع واحدة وتفرم الأخرى
٣ حبات حبهان
٢ ملعقة صغيرة ملح
نصف ملعقة صغيرة فلفل أبيض
١ مكعب مرقة لحم
٨ ملاعق طعام زيت ذرة
٢ ملعقة طعام معجون طماطم
٥٠٠ جرام (٢ كوب) أرز
٢ رغيف خبز بلدي
١ ملعقة طعام زبدة
٢ فص ثوم مفروم
٢ فص ثوم مقطع
١ ملعقة طعام خل
٢٥٠ جرام بصل
٥٠٠ جرام طماطم
٢ ملعقة طعام دقيق
٢٥٠ مليليتر (١ كوب) لبن زبادي

فتة أبو السيد تحضر بالأرز المصري قصير الحبة والعيش البلدي المحمص مع الزبادي واللحم والصوص الأحمر.

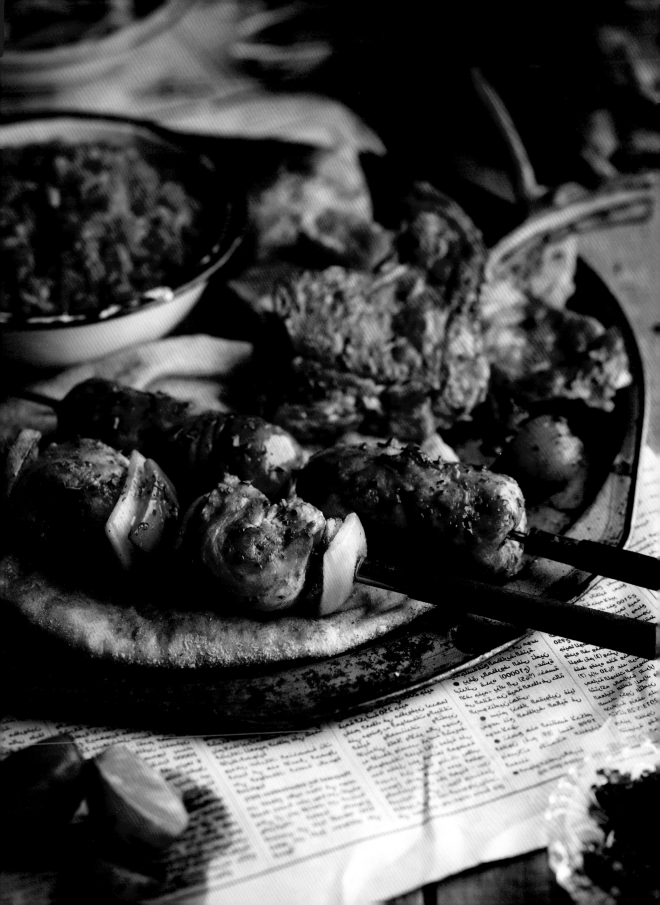

المشويات المختلفة

تكفي من : ٢ إلى ٤ أشخاص | مدة التحضير: ٤٠ دقيقة

٥٠٠ جرام لحم بقري
ربع كيلو لحم ضاني مفروم
٢٠٠ جرام لحم عجل كباب
٤ حبات بصل (نصف كيلو تقريبًا)
١ ملعقة صغيرة ملح
١ ملعقة صغيرة فلفل أبيض
نصف ملعقة صغيرة بهارات مختلفة
١ ملعقة طعام زيت ذرة
٤ قطع ضلوع لحم (٤٠٠ جرام)
٤٠٠ جرام شيش طاووق (قطع لحم دجاج)
٢ حبة طماطم
١ ملعقة صغيرة مستردة
٢ حبة فلفل أخضر
أسياخ خشبية أو حديدية

١. يتم تحضير الشواية وتسخينها.

تحضير الكفتة:

٢. يخلط اللحم المفروم مع الدهن وبصلة مفرومة، ونصف ملعقة ملح، وربع ملعقة فلفل أبيض، وبهارات مختلفة، وزيت ذرة حتى يصبح قوام اللحم متماسك.
٣. يتم تشكيل العجين باليد على شكل أسطوانات حجمها ٤ سم * ٧ سم.

تحضير التتبيل:

٤. تقشر الطماطم مع ١ حبة بصل، ثم تفرم وتصفى لتستخدم العصارة فقط.
٥. تضاف المستردة، والملح، والفلفل الأبيض، وزيت الذرة.

تحضير ضلوع اللحم وأسياخ الكباب وأسياخ شيش الطاووق:

٦. يقطع لحم الكباب وشيش الطاووق إلى مكعبات حجمها ٤ سم * ٤ سم.
٧. تقطع ٢ حبة بصل على شكل حلقات والفلفل الأخضر مكعبات حجمها ٣ سم * ٣ سم.
٨. يرص البصل والفلفل الأخضر ولحم الكباب أو شيش الطاووق في سيخ خشبي بهذا الترتيب. تعاد العملية حتى تملأ العناصر الثلاثة كل سيخ.
٩. توضع أسياخ لحم الكباب والشيش طاووق وضلوع اللحم في الصوص لتتبل لمدة ١٠ دقائق.
١٠. تدهن الكفتة وضلوع اللحم وأسياخ الكباب والشيش طاووق بالزيت حتى لا يلتصق اللحم على الشواية أثناء الطبخ.
١١. يشوى اللحم حتى ينضج حسب المذاق المرغوب.

تقدم مع الخبز المصري البلدي والطحينة.

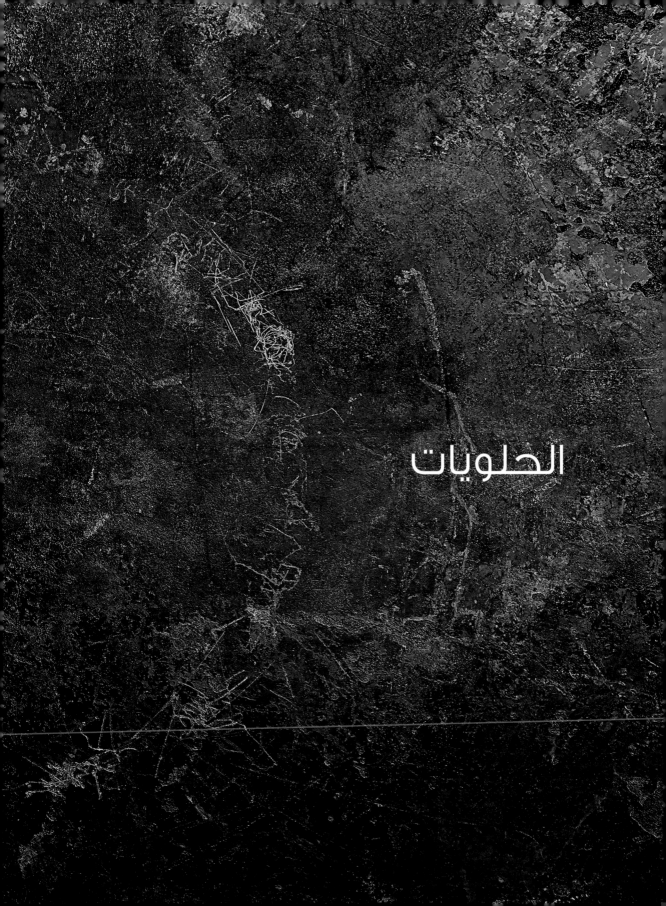

الحلويات

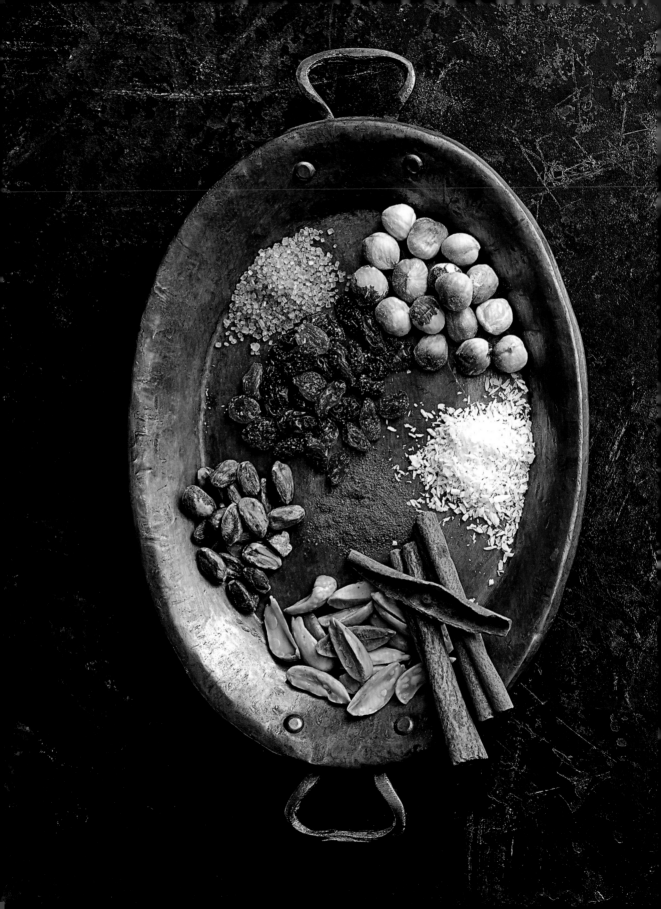

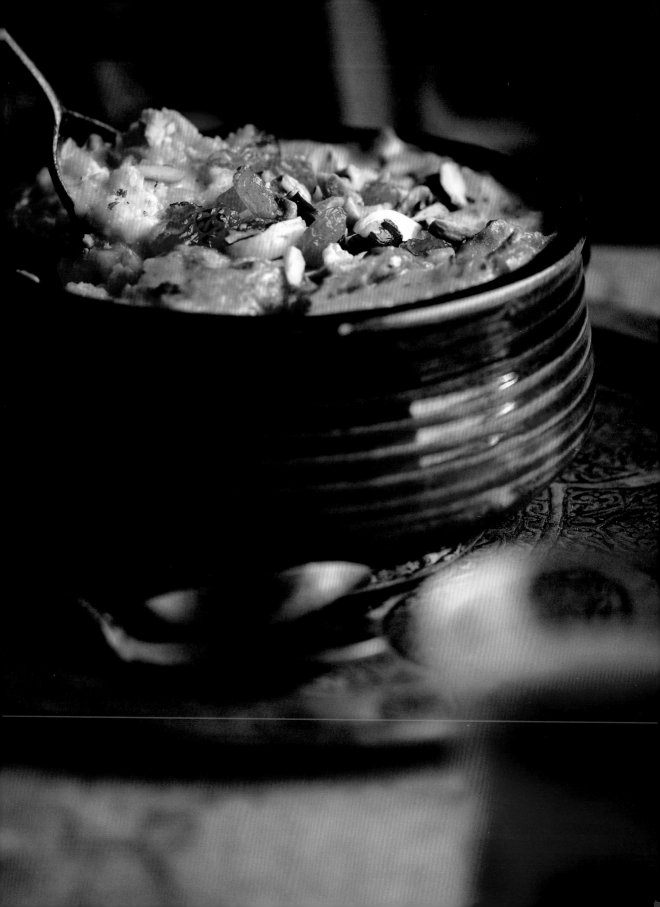

أم علي مع خليط المكسرات

تكفي من : ٢ إلى ٤ أشخاص | مدة التحضير: ٣٠ دقيقة

١. يسخن الفرن على درجة حرارة ١٦٠ درجة مئوية.
٢. تدهن صينية الخبز بالزبدة، وتوضع عليها العجينة الهشة (البف بيستري). تخبز حتى تصبح الطبقة العلوية ذهبية ومقرمشة وترفع من الفرن.
٣. يخلط الزبيب مع اللوز والجوز والفانيليا في وعاء.
٤. تقسم العجينة الهشة إلى أجزاء صغيرة وتوضع في قاع الطاجن.
٥. يضاف خليط المكسرات.
٦. يغلى الحليب في إناء صغير على درجة حرارة متوسطة مع إضافة السكر والتقليب.
٧. يرفع من على النار بعد ما يذوب السكر.
٨. تخفق الكريمة.
٩. يضاف الحليب المغلي إلى الطاجن، ثم توضع الكريمة المخفوقة على السطح، وتخبز لمدة ١٠ دقائق.
١٠. يرش الفستق على السطح وتقدم.

نصف عبوة عجينة هشة مجمدة (بف بيستري)
٤ ملاعق صغيرة سكر
١٢٥ جرام زبيب
١٠٠ جرام لوز مقطع قطعًا صغيرة
١٠٠ جرام جوز مقطع قطعًا صغيرة
١ كيس بودرة فانيليا (ربع ملعقة صغيرة)
٥٠٠ مليليتر(٢ كوب) حليب
١٠٠ فستق مقطع مقطع قطعًا صغيرة
١٨٠ ملیلیتر (ثلاث أرباع كوب) كريمة خفق

تقدم أم علي في مطعم أبو السيد في طاجن.

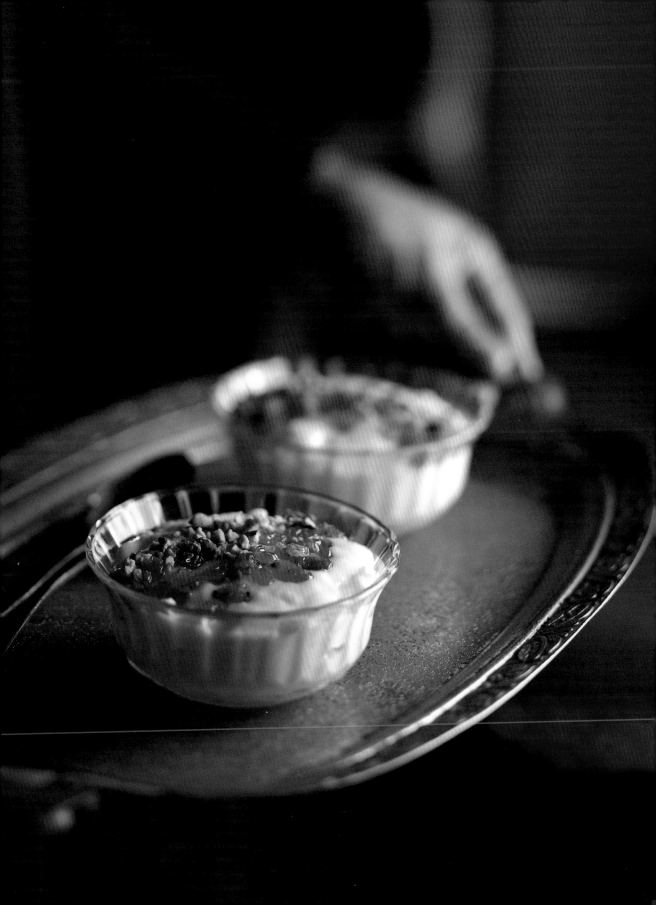

المهلبية

(حلوى الحليب الشرقية)

تكفي من :
٢ إلى ٤ أشخاص

مدة التحضير: ٢٠ دقيقة

١. ابغسل الأرز وينقع في الماء لمدة ١٠ دقائق.

٢. يصفى الأرز، ويطحن اويغرم باستخدام الهاون (المدق) أو مفرمة الطعام. يوضع الأرز في إناء طهي عميق مع نصف كوب ماء.

٣. يضاف الحليب ويقلب لمدة ١٥ دقيقة، ويضاف السكر والفانيليا أثناء التقليب. يطبخ على درجة حرارة منخفضة حتى ينضج الأرز.

٤. يخلط نشا الأرز في وعاء مع ربع كوب ماء ويقلب حتى يمتزج جيدًا.

٥. يضاف تدريجيا إلى الأرز ويقلب أثناء الصب.

٦. تنقل المهلبية إلى وعاء التقديم وتترك لتبرد في الثلاجة.

٧. يرش خليط المكسرات والزبيب عليها قبل التقديم.

---

١ ملعقة طعام أرز

١٢٠ مليليتر (نصف كوب) ماء
و٦٠ مليليتر (ربع كوب) ماء
(منفصلان)

٥٠٠ مليليتر (٢ كوب) حليب

٤ ملاعق طعام سكر

١ كيس (ربع ملعقة صغيرة) بودرة فانيليا

٣ ملاعق طعام نشا أرز

٢٠ جرام زبيب

٢٠ جرام لوز مقطع قطعًا صغيرة

٢٠ جرام جوز مقطع قطعًا صغيرة

٢٠ جرام فستق مقطع قطعًا صغيرة

طبق المهلبية من أطباق الحلويات المفضلة لدى الأطفال في مصر.

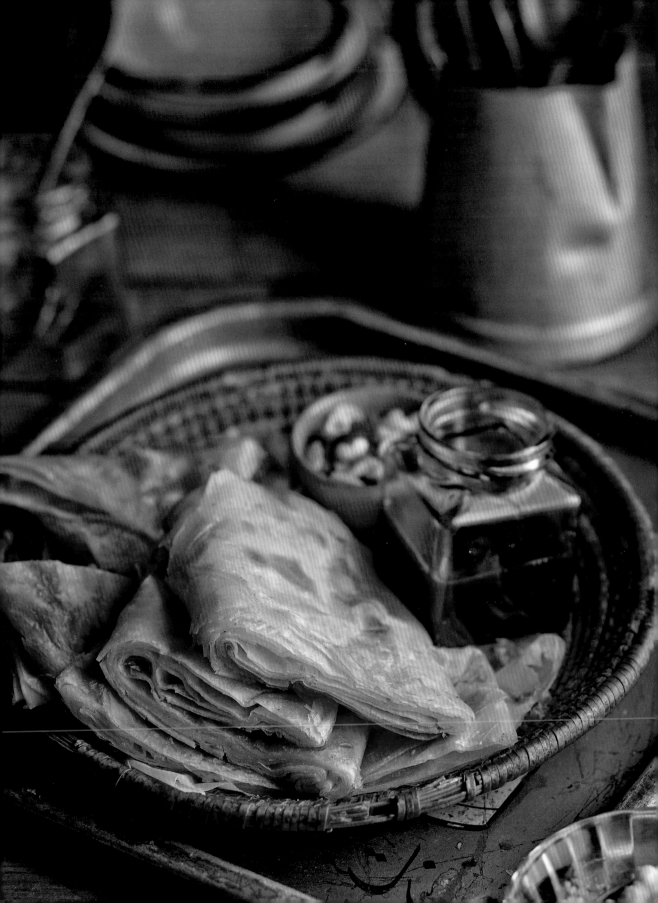

الفطير المشلتت

تكفي من : ٢ إلى ٤ أشخاص | مدة التحضير: ساعة و١٥ دقيقة

٤٨٠ جرام (٤ كوب) دقيق
١ ملعقة صغيرة ملح
١٢٠ مليليتر (نصف كوب) ماء
٤ ملاعق صغيرة سكر
١٠٠ جرام خليط مكسرات مفرومة
نصف كيلو زبدة
٦ ملاعق طعام زيت ذرة
٤ ملاعق صغيرة عسل أبيض، أو عسل أسود، أو قشدة طازجة

هذا الطبق من الحلويات المصرية المفضلة. يمكن أن يترك العجين في الثلاجة لمدة ٤ أيام (بعد دهنه بقليل من الزبدة) ويخبز طازج. المصريون يأكلون الفطير مع العسل والقشدة الطازجة حسب الرغبة. كما يمكن أن يقدم الفطير كطبق جانبي مع الجبن والسجق.

١. يسخن الفرن على درجة حرارة ٢٠٠ درجة مئوية.
٢. يخلط الدقيق في وعاء مع السكر ونصف كوب ماء، ويصب الماء برفق فوق الدقيق حتى لا يتكتل الدقيق ولكي يصبح العجين متجانس.
٣. يستمر التقليب حتى تكون العجينة ناعمة ومطاطة.
٤. تعجن العجينة بالماكينة أو باليد.
٥. تقسم العجينة إلى أربعة أجزاء وتضغط باليد للتخلص من فقاقيع الهواء.
٦. تشكل إلى أربعة دوائر قطرها ٥ سم.
٧. تدهن بالزبدة الذائبة وتترك جانبًا لمدة ٥ دقائق.
٨. تفرد كل حواف العجينة بأداة فرد العجين (الشوبك) على سطحٍ مستوٍ حتى تصبح دائرة قطرها ٣٠ سم.
٩. تدهن العجينة بالزيت وتوضع على صواني الخبز واحدة فوق الأخرى.
١٠. تخبز لمدة ٢٠ دقيقة أو حتى تتحول إلى اللون البني.
١١. ترفع من الفرن وتقطع إلى شرائح مثلثة.

يفضل أن يقدم ساخنًا مع العسل الأبيض أو العسل الأسود أو القشدة وخليط المكسرات.

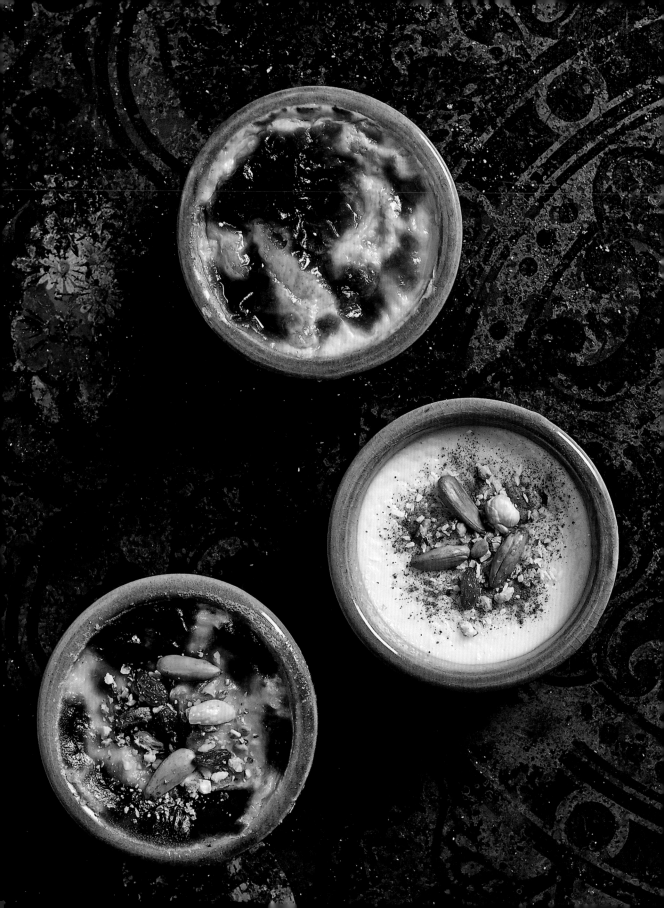

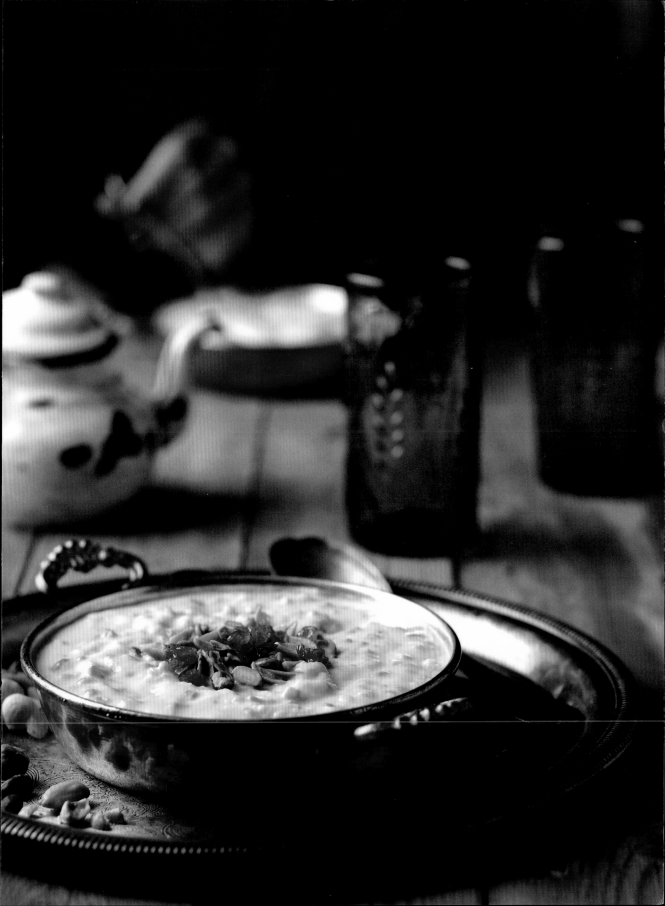

العاشورة بالمكسرات

تكفي من :
٢ إلى ٤ أشخاص

مدة التحضير: ساعتان

١١٠ جرام (نصف كوب) حبوب قمح
٣ أكواب ماء دافئ
٣٦٠ مليليتر (١ ونصف كوب) حليب
٤ ملاعق طعام سكر
١ ملعقة صغيرة ماء ورد
١ ملعقة صغيرة نشا أرز
٢٠ جرام زبيب
٢٠ جرام فستق، للطبخ وللتجميل
٢٠ جرام لوز مقطوع قطعًا صغيرة

---

١. تنقع حبوب القمح في إناء طهي مع الماء الدافئ لمدة ١ ساعة، ثم تطبخ على درجة حرارة منخفضة لمدة ٤٠ دقيقة حتى تتشرب كل الماء.

٢. يضاف اللبن، والسكر، وماء الورد، ونشا الأرز، والزبيب، والفستق، واللوز.

٣. يقلبوا حتى تختلط المكونات جيدًا مع استمرار الطبخ حت الوصول إلى الكثافة المطلوبة.

٤. تنقل العاشورة إلى طبق التقديم وتترك لتبرد، ثم توضع في الثلاجة. ويرش عليها الفستق كاملًا للتزيين قبل التقديم.

هذا الطبق من أشهر الحلويات في مصر، وعادة يطبخ في أول أيام العام الهجري.

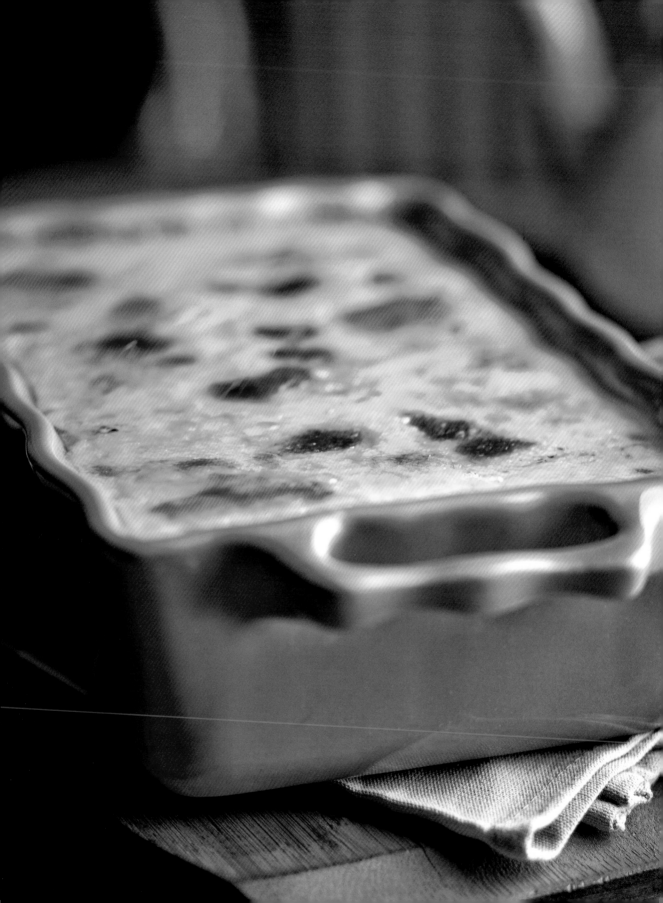

القرع العسلي

تكفي من :
٢ إلى ٤ أشخاص

مدة التحضير: ساعة و٣٠ دقيقة

١ حبة صغيرة قرع عسلي (٢ كيلو تقريبًا)
٤ ملاعق طعام زبدة
٢٥٠ جرام (نصف كوب) سكر
٢٥٠ مليليتر (١ كوب) حليب
٢ ملعقة طعام بودرة كاستر
٢٠٠ جرام لوز
٢٠٠ جرام زبيب
٢٠٠ جرام جوز
١٠٠ جرام (نصف كوب) كريمة أو قشدة
١ كيس بودرة فانيليا

طبق القرع العسلي من الأطباق المصرية الكلاسيكية. يفضل أن تستخدم ثمرة قرع ناشفة ومضلعة. يطبخ ويقدم في طاجن فخاري.

١. يسخن الفرن على درجة حرارة ١٦٠ درجة مئوية.
٢. يقشر القرع العسلي ويقطع شرائح مع إزالة البذور.
٣. يطبخ القرع مع الزبدة وربع ملعقة سكر في إناء طهي عميق. يغطى ويطهى على درجة حرارة منخفضة، لمدة ١ ساعة حتى ينضج جيدًا. سوف نلاحظ أن العصارة التي يفرزها القرع سوف تمتص مرة أخرى أثناء الطبخ.
٤. يحضر الباشميل في إناء طهي آخر بتسخين الحليب مع إضافة الفانيليا والكاستر لتكثيفه.
٥. يقلب جيدًا مع إضافة ربع كوب سكر تدريجياً على درجة حرارة منخفضة لمدة ٥ دقائق، ثم يوضع جانبًا.
٦. ترص نصف كمية القرع في طاجن، ثم تضاف المكسرات وبعدها ترص الطبقة الأخيرة من القرع.
٧. يصب الباشميل على السطح.
٨. تضاف الطبقة الأخيرة من الكريمة أو القشدة.
٩. يخبز في الفرن لمدة ١٥ دقيقة حتى يتحول إلى اللون البني الفاتح.

يمكن أن يقدم ساخناً أو بارداً.

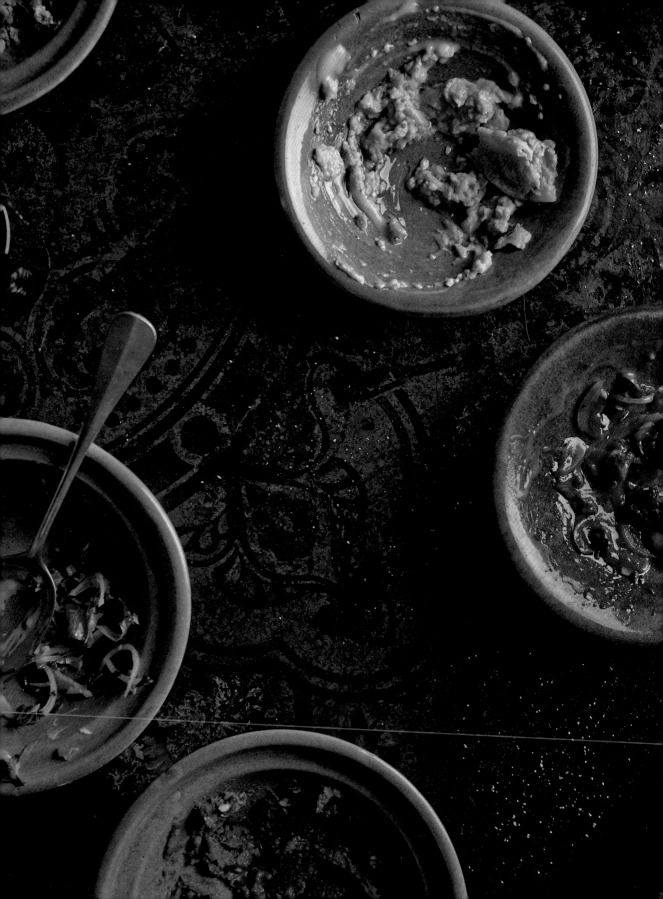

الفهرس

Abou El Sid

Egyptian Authentic Restaurant

www.**abouelsid**.com